シリーズ国際関係論・2

平和と安全保障

鈴木基史――［著］

東京大学出版会

PEACE AND SECURITY IN GLOBAL POLITICS
Motoshi SUZUKI
(The Library of International Relations 2;
Takashi INOGUCHI—Series Editor)
University of Tokyo Press, 2007
ISBN978-4-13-034252-0

シリーズ刊行にあたって

現代世界では、ヒト・モノ・カネ・コトバが国境を越えて急速に行き交い、しばしば一国で起こった出来事が他の国の人びとの暮らしに少なからぬ影響を与えている。この世界で未来を切り拓いていくには、われわれは国際情勢を的確に把握しなければならず、そのためには首尾一貫した分析枠組みが必要である。それを世に問うことは、国際関係論のもっとも重要な仕事に他ならない。

現実を見れば、貧困や難民、環境、人権などの問題について世界的に一定の協力の機運が育まれる一方で、旧ユーゴスラビアやソマリアやダルフールでのいわゆる民族紛争や、二〇〇一年九月一一日の米国同時多発テロ事件に象徴されるテロリズム、九・一一後のアフガニスタンやイラクで引き続く戦闘、北朝鮮核問題をはじめとした大量破壊兵器をめぐる国家間の攻防のように、戦争や紛争は後を絶たず、地球規模の経済競争も激化していると言われる。国際社会の秩序はいかにして成り立っているのか、いかに戦争を防止して平和や安全保障を達成するのか、国際関係において政治（力）と経済（利益）はどのような関係にあるのか、国家はいかなる原理に基づいて対外的に行動するのかといった問いが、国際関係論の基本テーマを構成してきたゆえんである。

「シリーズ国際関係論」は、国際関係論の成果を総合することによって、これらの古くて新しい課題に挑戦するものである。具体的には、第1巻（篠田英朗）は歴史と思想を重視した国際社会論を、第2巻（鈴木基史）は理論的・実証的な平和・安全保障論を、第3巻（飯田敬輔）は同じく理論的・実証的な国際政治経済論を、第4巻（須藤季夫）は外交研究や対外政策決定分析を超えてより包括的な対外行動論を、そして第5巻（猪口孝）は二〇世紀および日本を軸にした国際関係論の系譜論を、それぞれ展開している。歴史を踏まえつつ実践の変化を見据えて国際関係論の創造的発展を模索する本シリーズは、現代世界を読み解くための最適なガイドとなるであろう。

本シリーズでは、体系的な構成、平易・明快な記述、豊富な事例紹介など、親しみやすさを心がけるとともに、現実との緊張関係を強く意識した。したがって、NGO関係者、ジャーナリスト、ビジネスマン、官僚や政治家、一般の読者が確かな視座を養われること、また大学・大学院の講義やゼミ・演習で活用されることを、大いに期待している。もちろん高度な内容や独自の見解も盛り込んでいるから、研究者にとっても読み応えがあるはずである。

本シリーズが、国際関係論の世界の奥深くへと読者を誘い、日本の国際関係論の研究・教育の進展に大きく貢献することを願ってやまない。

二〇〇七年八月

編者　猪口　孝

シリーズ国際関係論2　平和と安全保障

目次

序章　安定的平和の手がかり

1―複雑化する現代国際安全保障問題

現代の国際社会には、原則的に、自衛以外の戦争は認められないとする戦争違法観が浸透している。国々は、武力による威嚇や武力の行使を違法とし、紛争の平和的解決を義務化した国際法を確立して、それを遵守することを幾多の外交文書で言明して互いに確認している。にもかかわらず、戦争の危険は解消されたとは言い難い。今日に至るまで戦争は国際政治の重要な営為のひとつであり続け、権力や利益をめぐる主権国家間紛争の究極的な解決手段として用いられてきた。

この戦争の再発性は、近代から現代にかけての国際関係史を振り返ると改めて浮き彫りになる。ナポレオン戦争後、欧州の国々は、欧州協調と呼ばれる外交的仕組みによって大国間の権力関係に「抑制と均衡」を確保して、権力政治を管理しようとした。この勢力均衡体系は、欧州協調が崩壊した後も同盟外交によってかろうじて支えられたが、大国間権力闘争を抑制しきれず、第一次世界大戦の勃発を許してしまった。国々は、甚大な惨禍をもたらした大戦の原因が権力政治を野放しにした勢力均衡体系にあったという認識で一致し、国際連盟規約および不戦条約を締結して、自衛権に基づく戦争を除いて一切の戦争の合法性を否定した。さらに、各国間の平和安寧の完成を目的とした国際連盟は、軍備縮小、紛争の平和的解決、不戦規定に違反して戦争に訴えた国に対し、経済的・軍事的制裁を科す集団安全保障を任務とした。しかし、これらの任務を定めた規約に十分な拘束力はなく、第二の大戦の勃発に歯止めをかけることはできなかった。

原爆の投下を含む、非戦闘員に対する無差別爆撃や大量殺戮などという凄惨な被害をもたらした第二次大戦が終結した後、国々は、再度、武力による威嚇または武力の行使を禁止し、自衛のための武力行使だけを許容した国際連合憲章を採択した。国連は、紛争の平和的解決、集団安全保障、軍備縮小という国際連盟の任務を継承した一方、国連軍を組織して平和破壊者に対する軍事的強制措置を強化することを図った。ところが、主要国はすぐさま冷戦に突入し、東西イデオロギー対立の下で国連の任務はなおざりにされてしまった。その後、常設国連軍が整備されることはなく、朝鮮戦争に対する国連安全保障理事会による軍事措置は多国籍軍と呼ばれる一部の加盟国による国連の統制外のものであった一方、軍縮と平和的紛争解決も大国間対立や国家主権の壁に阻まれ実現されなかった。苦肉の策として、軍縮は軍備管理に、集団安全保障と平和的紛争解決は、国連憲章に規定がない平和維持活動などによる紛争の平和的管理によって代替せざるを得ない状況が継続した。

こうした閉塞状況は冷戦の終結によって打開され、新たな国際関係の下で平穏な秩序が形成されることが期待された。ところが、この期待に反し、今日に至るまで世界規模の平穏な秩序は出現しておらず、様々なかたちの危険が世界各地に散在している。たとえば、アジア、中東、アフリカなどの地域で従来型の国家間戦争の蓋然性が引き続き存在し、とくに朝鮮半島、南アジア、中東では、核兵器を含めた大量破壊兵器（WMD）が拡散しつつあることが懸念されている。また、東欧、中央アジア、サブサハラ・アフリカでは、冷戦期超大国によって支えられていた擬似国家が破綻して内戦状態に陥り、大規模人権侵害が発生してしまった。さらにまた、イスラエルとパレスチナの暴力の応酬、米国や英国を襲った同時多発テロ、イラクにおけるシーア派とスンニ派の熾烈な争いなどに見られるように、凶悪化するテロリズムが世界の多くの地域で重大な脅威となっている。

冷戦後の国際安全保障問題を観察したM・カルドーは、民族集団やテロ組織などの非国家集団を行為者とした内戦やテロリズムを「**新しい戦争**」と見なし、様変わりした現代型紛争で国家が暴力を制御することが一層困難になっていると指摘している（Kaldor 1999）。従来の国際関係では国家が暴力をほぼ独占し、その武力集団である軍隊が盾となって戦禍から市民を守ることを任務としていた。しかし「新しい戦争」では、非国家集団が軍隊に匹敵するような近代兵器を持って市民を標的とするため、軍隊がそれを阻止することがきわめて困難になっている。場合によっては、国家そのものが破綻し、市民の生命を守る主体が存在しなくなっていたり、最悪の場合、国家が市民を虐待する事態も発生している。

しかしながら、こうした危険が現代国際関係のすべての部分を覆い尽くしているわけではない。複雑化した国際安全保障問題と対照的に、第二次大戦の終結以降、北東アジア、西欧、北米、オセアニアの立憲民主主義諸国の間に二国間・多国間の安定的平和が萌芽し、維持されてきている事実は決して看過されてはならない。今後も、これらの国々の間で紛争解決手段として武力が用いられることはありそうにないことを勘案すると、安定的な**「平和圏**（zone of peace）」が樹立されたと判断できる。(1) 今日、平和圏の国々の安全でさえ圏外に拠点を置くテロリズムやＷＭＤの拡散によって脅かされているが、基本的に平和圏内の二国間・多国間平和に揺るぎはない。米国が行ったイラク攻撃に対する仏独の反対によって米国が両国を攻撃するとは考えられなかったし、日米の経済摩擦によって日米戦争が勃発するとは到底思えない。こうした平和圏の出現は、平和圏に属する国々が、第二次大戦終結以前、大国として権力闘争に明け暮れた事実やそれ以前の歴史で勃発した大国間戦争の頻度と規模に鑑みると、(2) 国際関係史上、無比の出来事である（Luard 1986, 77）。このきわめて稀な主要国間の安定的平和が創生された過程を精査することが、より広範な安定的平和を探究するうえで大変重要である。(3)

二度にわたる世界大戦は、戦争の理不尽さを国々に知らしめたことは間違いないが、先述したように、戦争の破壊性の共有認識と国際法だけで戦争を防止することはできなかった。平和の持続には、戦争違法観という共有認識を現実のものとする装置が必要不可欠であり、安定的平和を保ってきた平和圏には実効性のある平和創造装置が作用してきたと思われる。現代国際関係学では、平和圏の平和創造装置の実態について包括的な考察が行われ、その結果、次節で概観する三つの仮説が提起されてきた。(4)

2―平和圏の平和創造装置

1　権力制御

戦争は、国家間の権力政治が激化した帰結に他ならない。国際関係から権力政治を完全に排除することは本質的に不可能であるにしても、権力関係をうまく制御して国家間に安定状態を確保することは、少なくともふたつの方策によって可能である。そのひとつは、国際関係に「抑制と均衡」を作用させ、主権共存の脅威となる権力の突出を牽制する、いわゆる「**勢力均衡**（balance of power）」によるものであり（Morgenthau [1948] 2005；Waltz 1979；Mearsheimer 2001）、もうひとつは、覇権的権力を持った超大国の主導権をその他の主要国が受け入れることによって権力関係を階層化・安定化させる、いわゆる「**覇権安定**（hegemonic stability）」によるものである（Gilpin 1981；Krasner 1976）。

前者の見解からすれば、安定状態は、国々が敵対する国々に対して十分な「抑制と均衡」を確保することによって達成されるものであるから、それは「勢力均衡による平和」ということになる。勢力均衡を確保するには、国際体系における権力の配分または脅威の分布に即して同盟を編成し、もし権力配分または脅威分布に重大な変化が生じれば、それに応じて柔軟かつ迅速に同盟の再編成を行うことが必要になる。(5) 実際にも、平和圏の国々は、共通の脅威に対処するために北大西洋条約や日米安全保障条約などを締結し、圏外の敵対国や同盟に対して強固な抑止力を構築して圏内の平和を確保してきた。冷戦期には米ソ二極体系が存続する中で、それらの同盟は定着し、「抑制と均衡」に関わる同盟国の営為は、もっぱら同盟内の軍備増強と共同防衛の効率化に集約されていた。

他方、後者の覇権安定の見解からすれば、安定状態は、超大国の主導権を受け入れた国々の間で享受される覇権秩序の所産である。覇権秩序には、国々の安全や社会経済的厚生に資する国際公共財の供給が不可欠であり、覇権国にはその供給を導出する卓越した軍事・経済・外交力および覇権的地位の維持に向けた固い国家的意志が求められる（Kindleberger 1973, 1981 ; Alt, Calvert, and Humes 1988）。こうした物質的便益と覇権に対する畏敬が覇権秩序への自発的服従を招き、国際関係に安定状態をもたらす。この観点からすれば、第二次大戦後、既に絶大な軍事・経済力を保持していた米国は、戦前の孤立主義外交を退け、積極的に同盟および国際経済体制の構築・運営を主導して西側諸国の安全と繁栄に寄与し、その結果として、西側にいわゆる「パクス・アメリカーナ」（米国による平和）が樹立されたと解される。

しかしながら、冷戦期の西側の「覇権安定」は、国際的な二極体系における勢力均衡によって支えられ、パクス・アメリカーナは勢力均衡と不可分の関係にあった。日本や西欧諸国にとって、ソ連の脅威に曝されている限り、安全保障を肩代わりしてくれる米国の主導権を受け入れることが賢明であり、米国にしても、日本や西欧諸国が経済復興を遂げて共産主義拡大の防波堤となることが自国の安全に必要であったからこそ、西側同盟と国際経済体制の構築・運営に指導力を発揮することが合理的であった。

したがって本書では、「覇権安定」は勢力均衡から独立して論じることはできないと考え、両仮説を「権力による平和」という共通項によって統合することにする。(6)

ところが、どちらの仮説にしても、西側諸国にとっての共通の脅威が消滅した冷戦終結後も継続している西側協力体制をうまく説明できない。勢力均衡論の観点からすれば、もし権力配分または脅威分布に変化が生じれば、それに応じて同盟は再編成されなければならないが、実際には、ソ連の脅威が消滅し、二極体系が崩壊したにもかかわらず、西側諸国は冷戦期と同様の同盟を維持している。また覇権安定論にしても、冷戦終結前の一九七〇～一九八〇年代には、米国の覇権に陰りが見えていたにもかかわらず、日本や西欧諸国が米国主導で構築された国際制度をほぼそのまま維持してきた理由について十分な説明が施されてきていない。国際関係での権力の支配性を重視するふたつの仮説は、同盟や経済制度という国際制度は単なる「権力構造の付随的現象」(Mearsheimer 1994-1995)、すなわち、大国のみを利する道具と位置づけ、制度の権力性と、権力に対する制度の従属性を強調する。しかし、変化する権力構造の中での同一制度の持続は両仮説と矛盾し、それを把握するには制度の本質を見据えた代替的な思考法が必要となる。

2　国際制度

同盟を含めた国際制度は単なる「権力構造の付随的現象」でなく、大国およびその他の中小国も益する機能を持った互恵的多国間制度であるとして、権力構造が変化しようとも、その制度は国々の合理的な選択によって維持されているという仮説を提起することができよう。ここで言う国際制度とは、超国家的な国際機関や超国家的国際法を意味するのでなく、国々が自発的に受け入れた国際合意に立脚し、限られた政策領域で互恵的な国家間取引や政策協調を促進する行動規範、行動規則、交渉枠組み、紛争解決手続きなどを規定した政府間制度である（Keohane 1984）。もしこうした制度がなければ、相互不信や、行動に関する不確実性というリスクが拡大し、たとえ国家が自国の安全を確保する防衛的な行動を採ったとしても、それは相手国に攻撃的な意図があると見なされて相手国からの攻撃的な行動を誘発し、その結果、二国間関係を極度に悪化させてしまう。これが、いわゆる「**安全保障のジレンマ**」である。ゆえに、ジレンマを解消し、自国の安全やその他の政策利益を確保したい国々は、政府間制度を構築・維持することに強い関心を持つ。

たとえば、北大西洋条約機構（NATO）は、多国間軍事協力に必要な政治軍事統合、透明性、相互運用性、兵站《へいたん》能力という同盟の「一般機能」を形成し、冷戦期、それらを基に共通の脅威に対する共同防衛戦略を展開した一方、西ドイツにNATO軍を駐留させて、第二次大戦前には宿敵同士であった欧州諸国の間にリスクが再発することを抑制していった（Wallander 2000）。通常の同盟であれば、共通の脅威の消滅によって再編成を余儀なくされるのであるが、NATOは冷戦後の新たな安全保障問題に対処する「特別機能」を創出することに成功している。具体的にはNATOは、ドイツ統合で再燃しかけたリスクを、欧州安全保障にドイツをより深く組み入れることによって抑制する傍ら、東欧の非加盟国と「平和のための協力協定（partnership for peace）」を締結して民主主義規範や主権平等、武力不行使、国境不可侵などを定めたヘルシンキ最終議定書（一九七五年）の遵守を促進しながら相互不信の解消を図り、域内外で平和維持・難民救援という紛争防止活動を実施している。これらの多様な安全保障機能を兼備することによってNATOは、「包括的安全保障管理制度」に発展し、それらの機能を必要とする締約国によって冷戦後も維持されている（Haftendorn, Keohane, and Wallander 1999）。ほぼ同様のことが、平和圏のもうひとつの重要な二国間平和を育んできた日米安全保障条約に関しても当てはまる。同条約は、非対称の共同防衛義務を抱えながら、日本の基地供与によって相互性を確立して日米関係の改善に重要な役割を果たし、冷戦後も条約の任務を多様化させながら北東アジアの平和に寄与してきている。

このような互恵的性質を有する国際制度の構築には米国の覇権的指導力が必要であったが、いったん構築された制度を新たな制度に置換するには多大な費用が必要となるため、（覇権が凋落した後も）そうした費用を惜しむ国々によって戦後の制度は維持されてきている（Keohane 1984, 182-216）。安全保障管理制度に依拠した平和圏の説明は、前述した権力制御仮説と重複するように思われるが、ここで着眼する制度のリスク低減機能は、権力制御仮説で必ずしも的確に把握されていない。リスク低減機能は、行動規範や平和的紛争解決手続きを作用させることによってもたらされ、共同防衛と違って権力を必要とするものではない。こうした機能によって平和圏内の平和が確保されているならば、その平和は、権力から独立した「制度による平和」と定義できる（Clark 2001, 165-216）。

3　自由と民主主義

平和圏を説明する第三の仮説は、平和圏の国々が市民の自由と民主主義を重んじる自由民主主義国であることに着目する。国際平和が自由民主主義と並存していることは決して偶然でない。国々が、市民の根源的権利の保障、法の支配、権力の分立を規定した憲法および熟考、協議、妥協を促進する民主主義制度を構築し、市民社会に合理性、富裕、相互依存を育む市場経済を確立すれば、紛争の解決を武力に訴える衝動は抑制され、紛争を平穏に解決する規範秩序がこれらの国々の間に浸透する（Doyle 1983, 1986 ; Ray 1995, 1998 ; Russett 1993 ; Russett and Oneal 2001 ; Lipson 2005）。この観点からすれば、平和圏の安定的平和は、権力や国際制度から独立した「自由と民主主義による平和」と見なすことができる。

「自由と民主主義による平和」の知的源泉は、I・カントの「**恒久平和論**」に遡る（カント［一七九五］一九八五）。カントは、恒久平和の要件として共和制（または立憲制、第一確定条項）、自由な諸国の連合制度（第二確定条項）、不偏的な友好権（第三確定条項）を挙げ、法の支配と市場経済が浸透した立憲国家は、市民と国家の間で結ばれた根源的契約で保障された市民の生存権や財産権を侵害する行為および他国の憲政を脅かすような侵略行為を慎み、自由な交易を通じて相互依存と協調の関係を育むため、立憲国家同士の間で戦争が生じる可能性は低いと論じた。二〇世紀に入ってからは、立憲制の政治的正統性と安定性は、治者と被治者の間に同一性を確立する民主主義によって確保できるという民主主義論が台頭し、恒久平和論も自由民主主義の理念と制度を包含したものに変容することになった[7]。

この新たな民主的平和論によると、自由民主主義国の政府の戦争動員能力は、法の支配の原則や分権的政治構造によって制限される一方、選挙民は、言論・報道の自由や制度化された政治手続きによって政府の政策透明性が確保される中で政治指導者の説明責任を問い、国民の生存権や財産権を侵害する恐れのある対外政策を抑制できる（Bueno de Mesquita, et al. 1999）。したがって、同じ自由民主主義体制を共有する国々の間では、効率的な政府間意思伝達回路が構築され（Fearon 1994; Schultz 1998, 2001）、かなり高い可能性の下で相手国は民主的な規範、手続き、構造制約に即して行動するだろうという期待、いわゆる信頼が醸成される。意思疎通や信頼関係は平和的紛争解決の要であり、それらを育む自由民主主義こそが平和の政治的基盤となる（Cronin 1999; Risse-Kappen 1995）。

カントの第三確定条項である不偏的な友好権を打ち立て、国家間で自由で互恵的な取引を行うことを可能にしてくれるものが、多国間経済制度である。戦後の西側経済制度は、無差別原則や最恵国待遇原則および関連する規則や手続きを規定して、互恵的な経済取引や経済発展の機会を国々に提供すると同時に、両原則に反し、過去、戦争の原因となっていた差別的な保護主義、重商主義、帝国主義を禁止して、通商と投資という平和的手段を通じて外国の市場、資本、資源を利用できる機会を国々に与え、権力を行使してそれらを獲得する誘因を排除してきた（Ruggie 1996, 107–134; Rosecrance 1986）。こうした国際経済制度や自由民主主義の統治制度は、自由主義の理念を国々の間に普及させて国際関係を内側から調和させるものであるから、前項で言及した、外的な行動規則や手続きによって国際関係を調節しようとする試みとは異なり、独立した自由主義の平和創造装置を形作ると見なすことができる。

3―本書の課題

1　本書の理論的枠組み

以上、平和圏の出現を説明する三つの仮説を概観した。[8] 三つの仮説は、現代国際関係学の主要理論である**現実主義** (realism)、**制度主義** (institutionalism)、**自由主義**[9] (liberalism)、または英国学派が言うところのホッブズ的思想、グロティウス的思想、カント的思想に立脚し[10]、平和圏の出現に関して一定の説得力を持った説明を提示している。地球規模で考えた場合、平和圏は部分的なものに過ぎないが、実現した国際平和を論証・実証できる国際関係理論は、より広範な平和を構想するうえできわめて有用である。

本章の冒頭で言及したように、二一世紀初頭の世界の平和は、従来型の国家間戦争の蓋然性に加え、核兵器の拡散、国家破綻に伴う凄惨な内戦、国際テロリズムという新たなかたちの危険によって脅かされている。これらの問題を理解し、解決していくには、包括的な考察が強く要請されている。したがって本書は、平和圏の説明に専念するものでなく、むしろ三つの国際関係理論を知的羅針盤として用いて複雑化した現代国際安全保障問題を分析しながら、各理論に包含されている平和創造装置の実効性と問題性を検証することを目的とする。

2　平和と安全保障の定義

本書で考える「平和」は、狭義の平和、すなわち「戦争の不在」である。戦争の不在として定義される平和は、否定的・消極的に捉えられる平和であるため、「**消極的平和**（negative peace）」と呼ばれ、肯定的・積極的に捉えられる広義の平和概念である「**積極的平和**（positive peace）」と区別される（岡本 一九九八）。積極的平和という概念は、限られた時空で共有されている価値によって定義され、価値の推移とともに変化するものである。たとえば、積極的平和の構成要素は、豊かさ、秩序、安全、正義、公平、自由、平等、民主主義、人権尊重などであったり、これらに加えて健康、福祉、文化的生活、生き甲斐、環境保全などを含める場合もあったりする（岡本 一九九八）。J・ガルトゥングは、貧困、無秩序、不安、不正義、不公平、弾圧、不平等、殺傷、飢餓、疾病、医療施設の不在、低い識字率などを特徴とする非平和的状況を「構造的暴力」と見なして、戦争やテロリズムのような直接的暴力と区別し、構造的暴力のない状態を積極的平和と位置づけ、積極的平和の達成を自身の学問的目的と定めている（岡本 一九九八；Galtung 1969）。積極的平和の達成こそが望ましいにもかかわらず、残念なことに、積極的平和の前提となる消極的平和が二一世紀初頭の世界で広範に確保されているとは言い難い。この現状に鑑み、本書は、消極的平和に焦点を当てて考察を行うことにする。

多義的な積極的平和と同様に、消極的平和も一枚岩の概念ではない。A・ジョージの定義に依拠すると、消極的平和は次の三つのレベルに分けて考えることができる（George 2000, xii-xiii）。その第一のレベルの「**不確かな平和**（uncertain peace）」とは、武力行使は一時的に停止しているが、関係国は現状に満足しておらず、現状を打開するうえで武力行使を妥当な手段と考えているため、戦争の蓋然性、すなわち**脅威**が存在する状態のことを指す。第二レベルの「**暫定的平和**（conditional peace）」とは、関係国間に抑止が働き、脅威は相当程度低減しているが、相手国の意図、軍事力、行動に関する不確実性や不信感というリ**スク**が存在し、十分な安心が得られていない状態のことを指す。最後に、第三レベルの「**安定的平和**（stable peace）」とは、国々が相手国に対して、もはや武力行使の計画を立てることもないし、相手国から武力行使を受ける心配もまったくない状態のことを指す。最も望ましい消極的平和は「安定的平和」であろうが、状況によっては他のレベルの消極的平和を目標とせざるを得ない場合がある。本書で考察する国際関係理論もこの点を考慮し、目標とする平和の質に応じた平和創造装置を提起している。

平和の重要関連概念のひとつが「安全保障」である。危険がない状態の確保を意味する安全保障を定義する際、誰に対するどのような危険をどのように防ぐのかという対象、目的、手段が焦点となる。本書では、既述した消極的平和に対応するように、安全保障の目的と手段を次のように捉える。(11)

第一に、「不確かな平和」に関わる安全保障の営為は、武力行使の蓋然性を縮小することを目的とし、外的脅威に対抗する国家の防衛政策や外交政策を重要な手段とする。第二に、「暫定的平和」に関わる安全保障の営為は、不確実性や相互不信を低減することを目的とし、リスクを助長する行動を調整・規律する外交協議および具体的行動規範を定めた国際制度がその手段として要請される。最後に、「安定的平和」に関わる安全保障の営為は、信頼醸成を図りながら、紛争を解決することを目指すものであり、その達成には、外交や国際制度に加えて、人々の認識および関係国の法・政治・経済理念や国内諸制度の変革が重要な鍵を握る。

脅威やリスクという危険から誰を守るのかという安全保障の対象に関しては、「国家安全保障」と「人間の安全保障」のうち、どちらに重点を置くのかということがしばしば論争となるが、本書では、この問題を二者択一的に捉えず、状況に依存するものと考える。これは次の理由からである。国家の基本的存在理由は、国民の生存権や財産権という根源的人権の保障にある。国民の人権を脅かす脅威が国外に顕在する状況では、国家安全保障と人間の安全保障はほぼ同義となり、国家がその脅威を排除することに責任を負う（Morgenthau [1948] 2005, 224-231）。一方、国家による人権侵害や国家の統治不全から派生する内戦やテロリズムが顕著となった状況では、人間の安全保障に重点を置いて、国家責任の履行、権利の回復、統治・法秩序の再構築を求めることが適切となる（Ignatieff 2003b）。したがって、本書では、国家の法秩序や統治能力、紛争の形態に鑑みながら、適切な安全保障の対象について考えることにする。

3　本書の構成

本書は次のように構成される。まず第Ⅰ部では、現実主義が構想する「権力による平和」について考察する。現実主義は、平和に対する脅威を問題とし、各国間の権力関係に「抑制と均衡」を構築することによって安定状態または不確かな平和を確保しようとするが、この「権力による平和」の方途としての勢力均衡、同盟、抑止にはいくつかの問題がある。第一に、一九世紀や冷戦期に用いられた安全保障概念である勢力均衡は、二一世紀初頭の変容した世界を理解するのに適した概念か、多数の利己的な国々の間に勢力均衡を構築して権力政治を安定化させ、拡張を企てる国を抑制することは可能なのかという疑念がある（第1章）。第二に、国家が独力で外的脅威を排除できない場合、同盟の利用が不可欠になるが、同盟には、共同防衛に同意した加盟国であろうとも実際には共同防衛に参加しないという集合行為の問題（フリー・ライド）、加盟国の無謀な好戦的行動を誘発してしまう倫理の欠如（モラル・ハザード）の問題が付きまとう（第2章）。第三に、権力による究極的な安全保障政策は、敵国の先制攻撃に対する抑止であるが、不確実性の中で自国の安全と利益を守る防衛的決意を潜在的敵国に伝達し、攻撃的行動を事前にうまく抑制できるのか、現代の国際平和の脅威となっている国際テロリズムに対して抑止は有効か、米国ブッシュ政権が提起する代替的な先制攻撃原則は戦略的関係を悪化させないかという疑義がある（第3章）。

第Ⅱ部では、「制度による平和」に焦点を当て、関係国の意図や行動に関わる不確実性や相互不信という、平和に対するリスクを考える。リスクの制御には安全保障管理制度が有効であり、それは、通常、リスクを誘発する行為を規律する規制および国家間対立を仲介・調停・仲裁する紛争解決手続きを含む。こうした制度は多数あるが、第Ⅱ部では、核兵器をめぐるリスクを解消しようとする核不拡散条約（NPT）（第4章）、停戦合意の当事国の間に蔓延する合意違反リスクを抑制して停戦を維持しようとする国際連合平和維持活動（PKO）（第5章）、紛争の平穏な管理を目的とした国際的仲介（第6章）という、現代安全保障問題に対処するうえで重要であるとされているものを採り上げる。

具体的には核不拡散条約に関しては、北朝鮮やイランの非遵守行為に象徴されるように、遵守状況の確認および条約規範の遵守の確保が課題となっているだけでなく、条約自体の正当性や透明性に疑義があることが懸念されている。同様に、ＰＫＯも停戦合意の遵守の確保が基本的課題であるが、それに加えてＰＫＯの対象となる紛争の形態が国家間紛争から内戦へと変化するなかで活動の任務形態のあり方がもうひとつの重要問題となっている。ＰＫＯが前提とする停戦合意の締結が当事者の間で困難であり、仲裁機関であるはずの国際司法裁判所（ＩＣＪ）が管轄権問題のために有効に機能しない場合、紛争の平和的解決または管理は、他の非法的な手段に依存せざるを得ないが、そのなかでも第三者による仲介に期待が寄せられている。実際に、国連をはじめ、欧州連合（ＥＵ）、欧州安全保障協力機構（ＯＳＣＥ）、米州機構（ＯＡＳ）、アフリカ連合（ＡＵ）などの地域機構が仲介の機能を強化している。しかし、仲介は法的拘束力や権力の行使を伴わないため、紛争を平穏に管理できるのかどうか、その実効性は未知数であり、これが考察の対象となる。

第Ⅲ部の課題は、「自由と民主主義による平和」の検証である。国内社会の統治理念や制度である自由民主主義がどのように安定的な国家間平和を確保できるのか、その過程と実効性を実証する必要がある。とくに、自由民主主義は多義的な概念であるため、自由民主主義のどの部分が平和に貢献できるのか漠然としており、分析・政策概念として適用するには当該理論の精緻化が課題となっている（第7章）。民主的平和に関連して、自助努力で安定的統治の樹立が困難な紛争後の社会において、民主主義と法の支配の諸制度の建設を第三者が支援することによって平和を定着させる手段が平和構築である。今日、平和構築は、平和維持や仲介と並ぶ、国際連合の重要な平和支援活動となっている。平和構築には、適用される社会の政治環境に見合った的確な民主的統治制度の建設支援が要請されるが、それはどのような制度なのか、民主主義を優先する平和構築自体に欠陥はないかという疑問がある（第8章）。最後に、「自由と民主主義による平和」の経済的方途としての自由で開放的な国際市場経済制度は、市場経済の理念と制度を国々に浸透させ、戦争の原因となってきた保護主義、重商主義、植民地主義という国家の市場介入の排除を目指す。的確な国際市場経済制度には、国家の市場介入を規制しながら、国内政治社会を安定化させる方策を国々に認容しなければならないという、逆説的な役割を果たすことが求められ、そうした制度とはどのようなものか、異なるレベルの政策能力や異なる政治経済制度を持った国々の間で健全に機能するのかという課題がある（第9章）。

それぞれの国際関係理論が課題とする安全保障問題は異なり、希求する平和の質も違う。国家の政治指導者が国際関係理論を熟知して直面する安全保障問題に対処するわけではないが、彼らが政策選択の知的羅針盤として用いる概念は、三つの理論の中のどれかひとつ、または複数のものに間接的ながら合致していると思われる。しかしながら、既述したように、自由と民主主義によって安定的平和を樹立できるかどうか十分な確証があるわけではないし、権力または制度にしても、不確かな平和または暫定的平和の安定化を確保できるかどうかの保証もない。したがって、それぞれの理論が掲げる平和創造装置の実効性を厳しく問うことが本書の目的となる。

第I部　権力による平和

拘束力のある法を制定できない無政府状態（anarchy）にある国際体系では，必然的に権力が支配し，大国間で権力闘争が常態化する。このように考える現実主義は，国家間戦争の原因に関して少なくとも二通りの解釈を施してきた。そのひとつは，国際政治を操る人間に戦争の原因を見出すものである。H・モーゲンソーは，「政治は一般の社会と同様，人間性にその根源をもつ客観的法則に支配され」，「権力闘争が時と場所を超えて普遍的であり，すべての政治と同様，……国際政治は不可避的に権力政治となる」（Morgenthau [1948] 2005, 3, 36）と論じて，すべてのレベルの政治に権力性を看取し，また，R・ニーバーは戦争原因を「人間心理に潜む暗い無意識的淵源」（Niebuhr 1937, 158）として，戦争と人間の邪悪性の間に因果律を見出した。

これに対して，単純な国家擬人説を否定し，統治機構が樹立された国内政治の安定性を確認しながら，統治機構が存在しない国際政治の無政府性に戦争原因を見出す考え方も現実主義の所論として提出されてきた。この二元論の観点からすれば，合理的な個々人は，自己保存の追求が自己矛盾の戦争状態にならないために社会契約を通じて主権国家を建設するが，最高権威である国家は，主権の譲渡・分割・代表を意味する超国家的な法や機関を受け入れないため，主権国家間の関係は自然状態あるいは戦争状態へと陥る

（ホッブズ［一六五一］一九八二―一九九二）。J・J・ルソーによれば、たとえ国民と国家が社会契約で結ばれた共和制国家であっても、国民の生命権、財産権、繁栄という一般意志は普遍性を獲得しているわけではないため、私的利害の台頭によって特殊意志に従属させられる危険がある（ルソー［一七五五―一七六二］二〇〇五）。主権国家の間に利益調和はそもそも存在しないし、人間の理性で利益調和を図ることも困難ななかでは、法の支配に基づいた利益の調整装置が構築されない限り、国際的戦争状態は解消できない。

戦争の原因が人間の邪悪性または国際的無政府性のどちらであるとしても、外部からの侵略によって国民の生命が脅かされた場合、人々の安全を回復する主体は、国家であらざるを得ない。国家の為政者は、国民の安全を確保する手段を選択する際、権力政治が不可避であることだけでなく、行為の倫理性はその結果のみによって判断されるとする結果主義に即して行動しなければならない。すなわち、為政者は、超国家的法体系が存在しない状態において正義と邪悪を区別することは不可能であり、道義的な究極目的を追求することは道義に反する結果をもたらす恐れがあることを認識し、結果主義を行動選択の基本的規範としなければならないのである。

この結果主義を採り入れた現実主義によれば、主権国家間の権力闘争に対して誰も仲裁者の役割を果たすことができないため、権力の間に「抑制と均衡」を構築することによってのみ、国々の安全、または「不確かな平和」は確保できる。これと対照的に、侵略者に対して国際体系の全構成国が制裁を行うことを義務づけ、こうした制裁の抑止作用によって平和を確保しようとする集団安全保障は、正邪の判断を必要とするうえ、侵略の被害を受けていない共同体の構成国の個別利益に対応していないため、その実効性は疑わしい（Carr [1939] 2001, 8-17, 76-80；Claude 1962）。実際に、国際連盟規約や国際連合憲章で規定された集団安全保障がうまく機能してこなかったことに鑑みると、現実主義の集団安全保障批判は妥当であると思われる。

第I部では、国家間権力関係に「抑制と均衡」を企てる現実主義の方途である勢力均衡（第1章）、同盟（第2章）、および抑止（第3章）について考察する。これらの考察を通じて、現実主義が構想する「権力による平和」の国際的・国内的条件とはどのようなものか、それらの条件は現実主義の概念枠組みの中で確保できるのかどうか検討する。

第1章　勢力均衡

現実主義の観点からすれば、権力が支配する国際的無政府状態では、諸大国の権力配分に均衡が生じている状況、つまり勢力均衡こそが国際関係に秩序と安定をもたらしてくれる体系である。(1) 現実主義の泰斗H・モーゲンソーは、勢力均衡は近代国際体系に安定性をもたらし、諸大国の共存と自律性を保証するという二つの重要な役割を演じてきたと観察し（Morgenthau [1948] 2005, 230）、勢力均衡を自己の外交理念として位置づけていた米国元国務長官H・キッシンジャーも、勢力均衡は、権力の平衡状態だけでなく、秩序形成に不可欠な正当性規範を醸成し、国際秩序を動揺させる拡張主義を物理的かつ道義的に抑制してくれると論じた（Paul 2004, 6）。

近代国際関係史を振り返ると、彼らの見解どおり、権力政治に陥った大国間関係は、勢力均衡の論理によって管理されざるを得なかったことが顕《あらわ》になる。数力国の大国が競合する多極化した近代欧州の国際関係では、一八世紀のユトレヒト体制そして一九世紀のウィーン体制という、勢力均衡の論理を明示的に採り入れた管理システムが企てられた。ところが、欧州勢力均衡体系が二度にわたって崩壊し、大戦争を防止できないことが明確になると、諸大国は、国際関係を勢力均衡でなく、集団安全保障、紛争の平和的解決、軍縮を目指した国際連盟規約によって管理することを互いに約束した。にもかかわらず大国間関係は権力政治に急降下し、甚大な惨禍をもたらした第二次大戦が勃発してしまった。第二次大戦後も国々は、国際連盟規約を強化した国際連合憲章を採択したが、大国間関係はまたもや権力闘争に逆戻りしてしまった。この冷戦では、近代欧州の多極体系と対照的に、歴史的に稀な二極体系の中で勢力均衡政治が、幾多の国際危機、代理戦争、核戦争の危険を包含しながら約半世紀にわたって展開された。冷戦が終結した後、権力政治から脱却した新秩序の到来が期待されたが、権力が米国に集中した二一世紀初頭の一極体系でも、権力をめぐる新たなかたちの駆け引きが顕在化している。

こうして歴史を簡単に振り返ると、現実主義者が論じるように、勢力均衡が権力闘争を安定化させる装置であらざるを得なかったことが分かる。しかし同時に、勢力均衡は安定的な国際秩序を約束してくれるという現実主義の命題を実証する証拠が乏しいことも確認できる。秩序とされる勢力均衡から、なぜ秩序を破壊する大戦争が発生するのだろうか。権力闘争を戦争に激化させることなく、勢力均衡を平穏に作用させるには何が必要となるだろうか。そもそも国際的無政府状態で、秩序たる勢力均衡はどのように形成されるのだろうか。勢力均衡は多極体系や二極体系で意味を持つ安全保障概念であって、一極体系とされる現代国際関係で意味を持つのだろうか。本章では、これらの問題を逆の順序で検討しながら、現実主義の平和創造装置としての勢力均衡の可能性と限界について考察する。

1——二極体系の終焉と勢力均衡の現代的妥当性

冷戦期の二極の勢力均衡体系は、ソ連および東欧共産主義政権の崩壊を契機に終結した。冷戦終結後、米国が唯一の超大国となり、国際体系は**一極体系**に転換したが、多くの現実主義者は、一極体系は本質的に不安定であるため、突出した米国の権力に対する**均衡化**(balancing)行動がやがて現れ、国際体系は多極化するだろうという推測でほぼ一致していた(Waltz 1993, 2000; Layne 1997a, 117; Huntington 1999, 36-37; キッシンジャー 一九九六、一二頁)。ところが、冷戦が終結して十数年が経過したにもかかわらず、その間、世界レベルでは米国に対する明示的な対抗同盟が編成されておらず、一極体系が存続するという想定外の事態が生じている。国際体系の一極化自体は、ソ連の経済的崩壊に起因し、勢力均衡の失敗の所産では決してないが、一極体系における均衡化の不在は、勢力均衡論の現代的妥当性に疑義を呈することになった(2)。他方で、現代の国際関係は幾多の国際規則や規範によって制度化され、国家間の経済的相互依存もかなり深化しているため、そもそも権力政治が台頭する可能性は低く、それを制御する勢力均衡が表面化することはないという見解にも一定の妥当性があるように思われる。

しかしながら均衡化の概念を緩やかに捉えると、一極体系でも暗示的な勢力均衡が地域的に作用している状態を見出すことができる。T・V・ポールに倣《なら》って(Paul 2004, 14)、差し迫る脅威に対して、公式の軍事的対抗同盟を編成することによって均衡化を図る行為を「**本格的な均衡化**(hard balancing)」

とし、将来発生するかもしれない脅威に対して政治外交的提携を形成して将来の防衛に備えるという対応を「**緩やかな均衡化**（soft balancing）」と定義して、後者の概念を通して世界各地を透視すると、次のような略図が浮かび上がる。

まず、欧州において、ロシアの再軍事大国化を懸念する欧州連合（ＥＵ）諸国は、北大西洋条約機構（ＮＡＴＯ）を引き続き堅持して欧州における米国の軍事プレゼンスを確保する半面、二〇〇一年の九・一一同時多発テロ後、**単独行動主義**（unilateralism）を強めている米国への対応策をめぐって内部に異論を抱えている。近い将来、ＥＵが米国から独立した共通外交防衛政策を本格化させる可能性は低いが、従来の対米協調路線に大きな亀裂が生じ、欧米が一枚岩でないことは明白となっている（Art 2004）。アジアにおいては、大国間の権力政治をめぐる複数の均衡化戦略が交錯している。中国は、資本主義諸国との経済関係を深めて急成長を遂げながら、ロシアや中央アジア諸国と上海協力機構（ＳＣＯ）を形成して米国の覇権的行動を牽制しようとしている。その一方、米国は、中国がたとえ高度経済成長を長期間継続できたとしても今世紀中に米国に追いつくことはほぼ不可能であると推測しながらも、中国に対する武器輸出禁止政策を維持し、中国を包囲するように日本、韓国、台湾、インド、パキスタンとの協力関係を深めている（Ross 2004）。最後に、中東でも、急進的シーア派国家イランからの「革命の輸出」を危惧するサウジアラビアやクウェートなどのスンニ派国家は、ペルシャ湾岸地域における米国の軍事的プレゼンスをシーア派に対する牽制材料として用いる半面、米国が親イスラエル政策を強化するなどして、アラブ諸国の利害を脅かすことがあれば、対米関係を大幅に見直すのではないかと推測される（Miller 2004）。

特定地域の国々がその地域に顕在する対立を独力で処理できないならば、バランサーとしての米国の利用価値は高くなり[3]、たとえ米国の単独行動主義が強化されても、米国に対する均衡化は、穏やかなものであれ発生する可能性は低い。反対に、国々が独力で地域対立を処理できるようになれば、米国にバランサーとしての価値は低減し、米国が単独行動主義に傾斜した場合、米国に対する外交的不支持やその他の非協力的行動が表面化することになるだろう（Walt 2005）。かくして「緩やかな均衡化」の概念は、米国に権力が集中した一極体系でも権力政治が顕在または潜在し、その安定化を図るために国々が展開する政治外交戦略をうまく把握してくれる。これは、たとえ制度化された現代国際関係であろうとも、諸大国の営為は必然的に権力政治に収斂し、それに対処する勢力均衡が引き続き妥当性を持つことを示唆している。次節では、こうした勢力均衡の形成・維持過程を解明してくれる国際関係理論を概観し、その理論を通じて勢力均衡の安定的作用に必要な諸要因を探る。

2―勢力均衡の理論と実践

1　新現実主義の勢力均衡論

現実主義者は、勢力均衡の形成に関して複数の解釈を提示してきた。そのなかでも伝統的現実主義を標榜する研究者は、国際的無政府状態で安全、権利、繁栄という利益を追求する諸大国がその手段として自国の権力を拡大しようとし、この権力拡大の相互作用から必然的に勢力均衡は発生するものと捉えていた。[4] ところがK・ウォルツは、権力拡大と勢力均衡の間の相関に疑義を呈して、**自力救済**（self-help）の原則を特徴とした国際体系で、**自己保存**を行動目的とすることを余儀なくされ、体系の権力構造に制約される国々の防衛的行動こそが、勢力均衡をもたらす原動力であるという新解釈を提起した（Waltz 1979）。[5] このいわゆる**新現実主義**（neorealism）は、勢力均衡の説明理論として現代国際関係学で広く受け入れられている。[6]

ウォルツが着眼する国際体系は、主権国家から独立した秩序原則と権力配分というふたつの構造的要素から成る（Waltz 1979, 80-81）。ウォルツによれば、欧州諸国の領域的統治権を確立したとされるウェストファリア平和以降の近代主権国家体系の秩序原則は自力救済であり、自力救済の体系における国々の行動目的は、自国の安全と独立の確保という自己保存にほぼ収斂している（Waltz 1959, 160 ; 1979, 111）。これは、国家がどのような政治経済体制を採ろうとも当てはまる普遍的な原則であるとウォルツは仮定する（Waltz 1989, 43-44 ; Posen 1984, 69）。構造のもうひとつの構成要素である権力配分とは、権力が国々の間でどのように分布しているのかを表し、国際体系における国々の相対的な位置関係を規定するものである。権力が支配する国際関係では、国家の相対的権力がその国家の生存の鍵を握るため、自己保存を求める国々は、敵対国の権力を勘案して自国の行動を決定することになる。

たとえば、自国の権力を超える強力な敵国が現れた場合、国家は、内的成長（経済発展や軍備拡大）と対外的な同盟編成というふたつの手段のうち、どちらか片方または両方を選択して対処する。内的成長を遂げるにはたいてい長時間を要するため、もし敵国の内的成長が自国のそれを凌駕しているならば、国家は同盟を通じてより短期間に自国の権力を強化しなければならない（Waltz 1979, 118）。国家は同盟を編成することによって盟邦を自国に近づけると同時に、その盟邦を敵国から遠ざけ、敵側の権力を減じることによって均衡化を図る。

この同盟の編成が勢力均衡の形成に重要な鍵を握る。覇権を求めて権力拡大を狙う国家が現れた場合、他の国家はこの拡張国家と同盟を組んで「**便乗**（bandwagoning）」するのか、それとも対抗同盟を編成して均衡化を図るのかという選択問題に直面する。もし拡張国家に便乗すれば、権力関係で劣位にある他の国々を支配・服従させることが可能になり、自国の権力を一時的にでも増大できる（Schweller 1994）。ところが、その後、この便乗戦略からは盟邦の拡張国家に服従・支配させられるという危険が待ち受けている。もし便乗の過程が繰り返されるならば、究極的に最も強大な国家だけが生き残り、覇権国として国際体系を支配するようになる（Waltz 1979, 123-128）。すなわち、伝統的現実主義が国家行動の一般的類型として仮定した権力拡大原則からは、勢力均衡の形成・維持および主権国家体系の存続は帰結として導出されない。

これと対照的に、国々の第一義的な目的が自己保存であるならば、国々は一時的に権力を増大してくれる便乗戦略を敬遠し、そのかわり長期的に自国の安全と独立を確保してくれる均衡化戦略を選択することになる。この命題は歴史的にも検証できる。一八世紀のハプスブルグ家率いる神聖ローマ帝国、一九世紀のナポレオン率いるフランス、二〇世紀のヒトラー率いるドイツが覇権的支配を目指して拡張政策を展開したが、他のほとんどの大国はこれらに加担せず、むしろ果敢に対抗して覇権国の出現を阻止してきた。勢力均衡を機能させた究極的な要因は自己保存の原則であったと論じることは妥当であろうが[7]、これらの均衡化は拡張勢力に対して適宜行われたわけではなく、国際秩序を破壊する大戦争の勃発を許してしまった。

この自己保存原則と権力構造によって勢力均衡体系を説明しようとする新現実主義は、現状の国際関係を維持することに専念する**現状維持国**（status-quo states）のみを想定し、権力の拡大を企てる、いわゆる**修正主義国**（revisionist states）の行動を説明できないとしばしば非難される（Mearsheimer 2001, 20）[8]。本書でも、修正主義国の出現は、勢力均衡論で説明不可能な現象と見なし、拡張政策の政治過程については、第3節で新現実主義と異なる観点から解説する。

2　権力配分と勢力均衡の安定性

勢力均衡を可能にする自己保存原則は、均衡化連合への参加を困難にするというパラドックスを孕《はら》む。もし国々が自己保存に固執すれば、とりわけ、権力が数カ国に分散した多極体系で勢力均衡を適時的に行うことは、**フリー・ライド**（ただ乗り）の問題によって難しくなる。均衡化は強大な権力に対する抵抗であり、均衡化連合への参加は実質的な軍備増強あるいは軍事的救援を意味し、一歩間違えば戦争に巻き込まれる危険を伴う。逆に連合に参加せず、均衡化の仕事を他の国々に任せておけば、それらの国々は覇権の出現をうまく阻止してくれるかもしれない。その傍ら、自国は均衡化の負担を回避して権力を温存し、次の権力闘争で有利な立場に立つことができるかもしれない。したがって、国家は自国の安全に差し障りがない限り、自己保存の原則から均衡化連合に参加することを極力避け、均衡化の仕事を他国に押し付ける「**責任転嫁**（buck-passing）」に傾斜する（Waltz 1979, 196-198; Christensen and Snyder 1990; Schweller 1998）[9]。こうした責任転嫁の連鎖が国家間で生じれば、勢力均衡が実現されることはない。

国際的権力構造の制約効果を重視する新現実主義者は、こうした勢力均衡のジレンマは二極体系で最小となると主張する（Waltz 1979, 132-138, 170-176）。彼らによれば、二分された権力構造の中で国家行動は制約され、秩序化された行動が構造の安定性を高める。さらに、各陣営の盟主である超大国は、陣営内の秩序を維持する強い意志と物理的能力を持つ一方、均衡化の責任を他国に転嫁できない立場にある。したがって、二極体系という権力配分では、構造的制約および超大国の意志と能力によって責任転嫁問題がうまく管理され、勢力均衡が安定的に作用する可能性が高い。このように推論する新現実主義者は、その証左として二極体系と形容された冷戦体制が約半世紀にわたる「**長い平和**（long peace）」を東西関係にもたらした事実を挙げる[10]。しかしながら、二極体系は、歴史的に稀であるだけでなく、「長い平和」は、核兵器の恐怖のうえに成り立ち、多くの代理戦争と国際危機に塗《まみ》れた「擬似的平和」であったため、勢力均衡の安定的作用を実証するものかどうか判然とせず、現代および将来の国際平和を考えるうえで参考になるかどうか疑わしい。

3―勢力均衡の破綻

前節では、自己保存原則の浸透と責任転嫁の防止が勢力均衡の安定的作用の条件であると論じる新現実主義を概観し、これらふたつの条件は二律背反の関係にあるため、両方を同時に満たすことは困難であることを示した。新現実主義は、こうした二律背反性は二極構造によって緩和されると考えながらも、自己保存原則の浸透と責任転嫁の防止にそれぞれ直接関係すると思われる国内政治制度と国家間制度を考察の対象としてこなかった。本節では、新現実主義で十分に解明されなかった、修正主義国または「帝国」が出現する政治過程と、その拡張政策に対抗しようとする国々の対応を比較し、勢力均衡がいかに破綻するのか、それを防ぐにはどのような制度が必要となるかを検証する。

1　拡張主義の内政的基盤

伝統的現実主義では、拡張政策を目指す修正主義国の存在は明示的に認識されていた。たとえば、モーゲンソーは帝国主義政策を採る国家と現状維持政策を採る国家、E・H・カーは満足勢力と不満勢力というように(Morgenthau［1948］2005; Carr［1939］2001)、国家を二元的に分類して、それぞれの対外行動の特徴を捉えていた。しかし、権力追求を人間性に結び付けて説明する伝統的現実主義では、同様の人間性を基盤としているはずの現状維持国がなぜ権力の拡張を企図しないのか、何が原因で国家は修正主義を標榜して拡張を企てるのかを説明することはできなかった。

これに対してR・ギルピンは、国家権力と国際体系の関係に焦点を当てて修正主義国の出現を次のように説明しようとした（Gilpin 1981）。ギルピンによれば、国際体系には国家間関係を律する制御装置が備えられ、その装置は、諸国の権限を規定する行動規範、影響範囲、威信の位階などを含み、国際政治を大きく変える覇権戦争（たとえば、ナポレオン戦争、第一次・第二次大戦）の後、その時点で国々が保有している権力関係に応じて形成される。通常、強大な国（戦勝国）には大きな権限が与えられ、そうでない国（敗戦国）にはそれ相応の権限が与えられる。こうした秩序体系は固定的であり、覇権戦争後の国際関係に予見性と安定性をもたらす。ところが、国々は異なる生産要素を保有するので、時間が経過するにつれ、経済成長とそれによって調達される軍事力に国家間で差異が生まれる。高い成長を遂げ、相当な軍事力を蓄積した国家は現行の国際体系で与えられている権限に不満を抱く一方、経済成長が低い国家は、与えられている権限に相応《ふさわ》しくないレベルまでに権力を低下させる。前者は体系を変革して自らの権限を拡大する誘惑に駆られ、後者は現状の維持を図ろうとする。前者が後者の抵抗に直面してまでも現状変革を断行することに合理性を感じるならば、好戦的な拡張政策に訴える。ギルピンの現実主義的政治経済論は、カーが提起した不満勢力の出現の原因を国際体系における権限配分の不平等性によって説明することに成功したが、不平等性を是正するために、外交交渉でなく、拡張という、国家の安全にとってきわめて不適切な好戦的政策を選択する妥当性については国家論的観点から説明できていない。

また、J・ミアシャイマーは、国際関係に潜む不確実性や相互不信、防衛的軍備に対する攻撃的軍備の優越性などを拡張政策の原因とする「攻撃的現実主義論（theory of offensive realism）」を提出している（Mearsheimer 2001）[11]。しかしミアシャイマーの体系理論は、これらの要因を包含した国際体系が不安定であることは説明できても、ある特定の国家が拡張政策を採って国際紛争を引き起こす原因について説明できない。

こうした疑問に対応するように、修正主義国の出現を国内の政治経済体制に基づいて説明しようとする試みが現実主義以外の理論体系で以前から行われてきた。その原初的なものが、V・レーニンの帝国主義論およびJ・シュンペーターの社会帝国主義論である（レーニン 二〇〇六；シュンペーター 一九五六）。レーニンの帝国主義論では、資本主義体制の下、独占資本家が経済不況で下落する投資利回りの回復を求めて余剰資本を海外に輸出しようとする過程で、海外市場の安定的確保を国家に対して要求するのが帝国主義の端緒であるとされる。他方、シュンペーターの社会帝国主義論では、前近代的な専制政治体制において政治権力に居座ろうとする封建エリートが、近代化が進む中で政治参加を要求してくる中産階級を排除し、自らの政治基盤を保護する目的で帝国主義的な拡張政策を採るとされる。

ところが、どちらの仮説も次の理由で、拡張政策に妥当な説明を付与したと評価されてこなかった。レーニンの帝国主義論では、社会利益とかけ離れた私的利益を持つ資本家集団がどのように政治権力を掌握するのか判然とせず、シュンペーターの社会帝国主義論でも、政治権力に固執する封建エリートが、その目的の達成のため、いくつかの選択肢の中からなぜ拡張政策を選択するのか解明されなかった。前者で資本家の動機は説明できても資本家の政治権力を説明できず、後者で封建エリートの政治権力は説明できても拡張政策の選択理由は説明できない。さらに、共産主義の世界的拡張を目指したソ連は資本主義を否定した国家であったという事実、また二〇世紀初頭まで植民地の拡大を企図した英国やフランスは近代工業国家であったという事実によって、これらふたつの仮説は反証される。拡張政策を説明するためには、国内集団が拡張政策と符合する私的利益をどのように形成してどのように政治的基盤を強化し、どのように国家政策を操作するようになるのかについて解明しなければならない。

拡張を企てる国家は、新現実主義者が国家の行動原則と見なす自己保存を対外政策の指針とする防衛的国家ではない。拡張政策は周辺国との戦争に発展し、国家の安全を脅かすものとなるため、自己保存原則に依拠して拡張政策を説明することは難しい。したがって、国家の安全と矛盾する拡張政策は、対外政策決定に重要な影響力を持つエリートの個別目的、たとえば、自己の政治的権威の確立、政権の維持、特定社会集団の経済的利潤などに結び付けて説明することが妥当となる。こうした観点から、戦前の日本やドイツ、ヴィクトリア期の英国、冷戦期の米国とソ連という「帝国」の対外政策決定過程を検証したJ・スナイダーは、閉鎖的な集権的統治制度を採る大国の政治指導者がしばしば私的利害を優先させ、その結果、きわめて好戦的な拡張政策を引き起こしたと論じる（Snyder 1991）。

拡張政策を、国益でなく私的利害の追求の帰結として捉える場合、伝統的現実主義や新現実主義で想定されていた一枚岩の国家という仮定を緩め(12)、異なる対外政策は国内社会の異なる主体に異なる利益や損失を与えることを前提としている。とりわけ周辺国との軍事抗争に発展する恐れがある拡張政策は、徴兵、徴税、戦禍という犠牲を一般国民に強いる一方、その実施過程でナショナリズムを高揚させて政治エリートの政権基盤を安定させ、軍閥エリートの権威を高め、財界エリートに軍需に伴う経済的利潤をほぼ確実に提供すると考えられる（Snyder 1991, 14-15）。もしこれらのエリートが私的利害に魅せられ、国民の安全を軽視してしまえば、自国に不利な国際的権限配分の是正を訴え、他の諸国は自国に対して敵意を持っていると喧伝《けんでん》し、自国が保有する攻撃的軍備の優位性を強調して、拡張政策を国益という観点から正当化し、実行に移そうとする（すなわち、ギルピンやミアシャイマーが論じた拡張政策の原因は、拡張政策の正当化事由となる）。しかしながら、たとえ不満勢力であろうとも、国家は必ず拡張政策を実行するわけではない。国内社会に非対称の効果をもたらす拡張政策を実行できるかどうかの決定因は、国内統治制度の仕組みにある。スナイダーによれば、拡張政策を容認しやすい統治制度とは、複数のエリートが結託して強力な政治連合を編成し、対外政策を含めた公共政策を私的利害のために操作できる、憲法的制約が希薄な閉鎖的な集権的統治制度、または寡頭制である（Snyder 1991, 43-49）(13)。こうした統治制度では、たとえ民主主義が統治理念であるとしても、政治エリートは、執政権を濫用して政策情報を独占し、プロパガンダによって民意の統制を行う。盲目となった大衆は、拡張政策のリスクを十分に自覚しないままエリート主導の拡張政策を追認してしまう（Snyder 1991, 41-42）。独立性の低い立法府や司法府も行政府による執政権の濫用や人的・財政的動員を止めることはできないため、エリートは拡張政策を加速化してゆく。

国際関係史で最も過激な拡張政策を採ったナチス・ドイツに目を転じると、こうした政治過程が発生していたことが浮き彫りとなる。一九二〇年代、ナチス党は、政権を掌握するには従来の支持者層であった労働者階級の他にも地主貴族、財界、軍部からの支持が不可欠であると認識し、各エリートの個別利益に適合した政策設計を行って大規模な政治連合の形成を企てた(Snyder 1991, 105-108)。具体的には、経済引き締め政策を転換し、産業の国有化や公共投資の拡大によって失業者の吸収を図り、通貨危機と恐慌で荒廃したドイツ経済を再建するために戦後賠償を停止し、「生存圏(Lebenstraum)」の構想を掲げて新たな耕地を望む地主と市場拡大を期待する財界を歓喜させ、軍拡を図ってヴェルサイユ体制の軍備制限に不満を抱いていた軍部を鼓舞し、民族ナショナリズムを高揚させて、拡張政策に対する広範な国民的支持を獲得していった。他方、政治権力を掌握する過程でナチス党は、議会で過半数議席を獲得していないにもかかわらず、脆弱なワイマール憲法に付け込んで首相の座を得、授権法を制定して議会の立法権を行政府に移管させ、市民権を停止して競合政党の党員を逮捕し、そして一党支配体制を確立した。その後、大統領府、軍指揮権を次々に手中に入れ、独裁の下で爆発的な拡張政策が発生した。

2 責任転嫁の内実

このように、法の支配、人権の保障、権力の分立を確立していない閉鎖的な集権的統治制度は拡張政策の温床となりやすい。しかしながら勢力均衡の論理では、他の諸大国が共同で均衡化連合を組織して対抗すれば、個別利益の実現は困難であることを拡張国家のエリートに知らしめ、拡張政策の実施を思いとどまらせるはずである。ところが、国々は自国の安全と利益に固執するあまり、実効性のある包囲網を構築することができない。責任転嫁が勢力均衡の重大な障害となることはすでに述べたが、ここでの新たなポイントは、責任転嫁の連鎖の蓋然性を見越した修正主義国のエリートは、拡張政策を実行に移す絶好の機会を与えられるというところにある。

一九三〇年代後半、ドイツは、生存圏構想の実現を目指し、ライン地方の再軍事化、オーストリアの併合、チェコスロヴァキアの併合を企て、次の標的としてポーランド、ウクライナへの侵攻を射程に入れていた。ドイツの拡張に対抗することが期待されていた英国政府は、そもそも東欧という地域に地政学的価値を見出していなかったうえ、反ボルシェヴィズムを標榜するナチス・ドイツに対ソ連戦略の利用価値を看取していたとされるが、内実はもう少し複雑であった。英国首相チェンバレンは、ヒトラーの目的はドイツに冷徹であったヴェルサイユ体制の是正という限定的なものであるから、英国が強硬策を採らない限り、事態が欧州全面戦争に拡大することはないと推測し、国際連盟による平和的解決を期待しながら、軍備増強を図って英国本土の防衛に専念していた（Schweller 2004, 193）。これに対して、反宥和派の保守党党首チャーチルは、ヒトラーの防衛的意図を疑問視し、対ドイツ封じ込めの必要性を与党労働党に強く主張していた。労働党の中にもチャーチルの立場に同調する一派（アトリー、マクミラン、イーデンなど）があったが、保守党と連携することを拒んだため、宥和派を凌《しの》ぐ反宥和連合が形成されることはなかった（Schweller 2004, 192-193）。

英国の友好国フランスでも同様の内部対立が表面化していた。共産党は、拡大するナチス・ドイツを恐れ、ソ連と同盟関係を結んでドイツを封じ込めることを主張し、社会党は、権力政治の激化を懸念して国際連盟による平和的解決を望み、右派政党は、東欧がスターリンよりもヒトラーの手に陥るほうがましであるという反共路線を採っていた（Schweller 2004, 195-196）。分裂した政党システムと不安定な政権を抱えるフランスは、ドイツの東進によってフランスの平和が脅かされない限り、東欧諸国との同盟の義務を尊重して行動できる状況になかった。

こうした内政的不協和音を抱える英仏両国が対独強硬策に転じる見込みはなく、矢継ぎ早に拡張を図る好機をヒトラーに与えてしまった。一九三九年、ポーランド侵攻を画策していたヒトラーは、ミュンヘン会議（一九三八年）でズデーテン割譲を容認した英仏はポーランドでも再び譲歩し、軍事介入しないだろうと見込んでいた（Press 2004-2005, 162-166 ; Overy and Wheatcroft 1989, 58）。英国は、地中海でのイタリアや東アジアでの日本の動きに攪乱されて身動きがとれない状況にある一方、英国の救援なしで戦力的に劣るフランスが対独戦争に踏み切ることはありえない。英国は、ポーランド・フランス間の軍事同盟を補完する名目でポーランドと相互援助条約を結んだが、それは虚勢に過ぎない。さらに、ソ連がドイツとの相互不可侵条約に応じたことにより（便乗戦略）、ドイツ包囲網は完全に崩壊し、対ポーランド戦争は局地化するとヒトラーは確信していた（Press 2004-2005, 163）。このヒトラーの期待は、英仏の軍事介入によって結果的に裏切られることになったが、問題は、国内政治の混迷によって、ドイツの拡張を相当期間放置した後にしか実質的な均衡化政策が採られなかったことにある。(14)

これら一連の事実関係を勘案すると、責任転嫁の連鎖と拡張政策の間には密接な因果関係があると判断できる。拡張を企てる勢力が、自国に対する包囲網が形成されないと予測すれば、拡張を加速してしまう。これによって均衡化の責務はより重大なものとなり、国々が均衡化に着手することはより困難になる。拡張が、責任転嫁に傾斜した国家の安全を脅かすまで重大となったとき、ようやく勢力均衡が本格的に始動することになるが、この場合の均衡化の責務は必然的に大規模なものとなる。

4—勢力均衡の国内制度と国際制度

近代および現代の国際関係史において権力闘争が大国間に発生し、それが激化して幾多の戦争が勃発した。そして将来、権力闘争が再燃する可能性は、大国の行動を規律する強力な国際法が整備されていない事実に鑑みると、残念ながら否定することはできない。本章の第1節で言及した「緩やかな均衡化」の応酬は、現代国際関係においても諸大国は権力政治を完全に放棄していないことを意味している。現実主義の観点からすれば、権力政治を抑制するには勢力均衡の安定的作用が必要となるが、本章では、国民の安全を犠牲にした拡張政策を容認する閉鎖的な集権的統治制度および拡張国家に対抗することが期待される諸大国の責任転嫁の蓋然性というふたつの要因の相互作用によって、勢力均衡はうまく機能しないことを検証した。現実主義が構想する「勢力均衡による平和」を樹立するには、国際体系に内在する不確実性や権限配分の不平等性を縮小して拡張政策の正当化事由を無くすことは言うまでもないが(第Ⅱ・第Ⅲ部参照)、閉鎖的な集権的統治制度の是正および責任転嫁の蓋然性の排除というふたつの要件を確保することも不可欠となる。

その第一の要件は、国民の生命と財産の保護を国家政策の第一義的目的として規定し、エリートの結託を防いで国内の権力政治を排除できる開放的な分権的統治制度の構築を命令する強力な憲法によって確保されることになるだろう。対外政策に携わる政治指導者の理性は、個人に委ねられるのではなく、法と統治制度によって担保されなければならない。第二の要件の確保には、国際の平和と安全を脅かす拡張勢力に対して国々が共同で対抗することを自動化する国際安全保障制度の構築が求められる。これに関しては次章で詳述するが、要するに、信憑性のある共同防衛には、共同防衛への参加を国々の一般利益でなく、各国の個別利益および法的義務として位置づけるという制度設計が要請される。

平穏な国際関係は、従来の現実主義が着眼する合理的な権力の営為だけによって保証されず、適切な国内政治制度と国際安全保障制度の構築を必要とする。それらを設計する理論と方法こそが現実主義の要諦となるのである。

第2章 同盟

前章で考察した勢力均衡論は、権力をめぐる国々の戦略的相互作用の中で同盟の編成・再編成が生じることを想定していた。ところが、勢力均衡論は、均衡化の過程で編成される同盟の存在を重要視しながらも、その制度的実態について詳しく考察してこなかった。本章は、共同防衛を制度化する同盟に着目し、同盟に関わる諸問題を考察することによって「権力による平和」を同盟の観点から評価する。

主権国家が独力では自国の安全や独立をうまく確保できないと判断し、他の主権国家と連携して共通の外的脅威に対抗することを選択した場合、それらの国々の間に同盟が構築される。同盟の編成を通じて形成される勢力均衡は、こうした個々の主権国家の合理的判断の帰結である。今日、同盟は、多くの国々の安全保障政策の要として定着しているが、同盟にはその有効性を阻害するいくつかの疑問や問題が内在する。そもそも同盟は、共通の外的脅威を排除するという目的を達成するために共同防衛の法的義務を各締約国に課すものであるが、共同防衛が関係諸国の共通利益であるならば、あえて法的義務を課さなくとも、それらの国々は独自の合理的判断で共同防衛に参加するはずである。

他方で、安全保障に関わる共通の利益を持った国々によって編成される同盟であるが、同盟内部には共同防衛の健全な運用を妨げる複数の問題が発生し得る。そのひとつは、同盟の一締約国が第三国によって攻撃された際、その他の締約国が本当に同盟の共同防衛義務を遵守して被攻撃国を救援してくれるだろうかという、義務履行の問題である。もうひとつは、共同防衛の義務が拘束的であればあるほど、盟邦の救援を期待する締約国が好戦的な対外行動を採る誘惑に駆られ、盟邦を不要な紛争に巻き込んでしまうという問題である。前者の問題は「見捨てられる恐怖」、後者の問題は「巻き込まれる恐怖」として知られ、それぞれ安全の確保を企図して同盟を編成した国家の期待を裏切る可能性を内包している。

本章では、同盟の制度化はなぜ必要なのか、見捨てられる恐怖および巻き込まれる恐怖はいかに発生し、いかに防止できるのかという同盟に関わる安全保障問題を、第一次大戦前および第二次大戦後の同盟政治を事例にしながら検証する。

1―同盟の意義

1　同盟の国際法的根拠

G・スナイダーによれば、**同盟**とは、「締約国以外の国家に対して、特定された状況において武力の行使（または不行使）を定めた正式の諸国の連合」である（Snyder 1997, 4）。特定された状況とは、各締約国が他の締約国の救援のために武力を用いる事態、いわゆる**条約該当事由**（*casus foederis*）のことである。たとえば、北大西洋条約機構（NATO）は、その設立条約第五条で、「ヨーロッパ又は北アメリカにおける一以上の締約国に対する武力攻撃を全締約国に対する攻撃とみな〔し〕……個別的又は集団的自衛権を行使して、……その攻撃を受けた締約国を援助する」と謳って、条約該当事由と共同軍事行動の義務を規定している。また、日米安全保障条約は、第五条で「各締約国は、日本国の施政の下にある領域における、いずれか一方に対する武力攻撃が、自国の平和及び安全を危うくするものであることを認め、自国の憲法上の規定及び手続に従って共通の危険に対処するように行動する」として、日本国憲法に抵触しないように共同防衛の適用範囲と手続きを慎重に規定している。これは、「その共同防衛の行動がアメリカには集団的自衛権の行使と見えるかもしれないが、日本国内では個別的自衛権の行使に見えるようにする」という配慮である（坂元 二〇〇〇、二六七頁）。同盟は、本来、主権国家が有するとされる個別的自衛権と集団的自衛権を根拠とし、ふたつの権利を成文化した国際法が国際連合憲章

第五一条であるとされる。(1)

第二次大戦前の同盟には仮想敵国を指定していたものが多かったが、戦後の同盟は、仮想敵国を指定しない代わりに、特定地域の国際の平和と安全の確保という地政学的な規定を包含している。NATOは、「北大西洋地域の安全と福祉の助長」(前文)を目指し、日米安保条約は、「極東における国際の平和及び安全の維持」(前文)を両国の「共通の関心事」としている。たとえ条約で仮想敵国を特定していなくとも、限定された防衛地域と締約国資格から、客観的に同盟の仮想敵国は推定される。ゆえに、同盟は、その「内」の国々の関係を深化させる半面、「外」の国々、とりわけ暗示された仮想敵国との関係を必然的に緊張させる効果を持つ。

2 制度化の内実

もし国々が特定地域の平和と安全に対する外的脅威を排除することに共通の利益を見出しているならば、たとえ義務でなくても、個別意志から自発的にその脅威に対抗するはずである。ある一定の事柄について共通の利益を持つ国々が協力するという期待は、一般的に「**提携**(alignment)」と定義できるが、特定地域の平和に関わる共通利益を持つ国々は、必然的に提携を通じて互いに協力すると推測される。

米国のイスラエルや台湾との安全保障協力、あるいは一九九一年の湾岸戦争や二〇〇三年のイラク戦争で現れた「**有志連合**(coalition of the willing)」が提携の具体例である。提携は、顕在化した脅威に対して共同して対処することに同意した国々によって編成された一時的な連合であり、同盟に比べて制度化のレベルが低く、その構築には複雑な外交交渉や法的手続きは要請されない。冷戦の二極体系が終結し、流動性が高まっている現代国際関係において、いくつかの大国は既存の同盟よりも柔軟性の高い提携を特定の軍事作戦や外交戦略に用いるようになってきている。

提携の柔軟性を犠牲にしてあえて同盟を構築する理由として、少なくとも次の四つが考えられる(Morrow 2000)。第一に、国際的無政府状態で、国々が特定地域の平和を維持する共通の意志を制度的実体のない提携を通じて潜在的敵対国に伝達することは容易でない。もし潜在的敵対国が提携の存在やその信憑性に疑念を抱けば、地域の平和を脅かす行動を採る誘惑に駆られるようになるかもしれない。ゆえに、特定地域の共同防衛を法的義務とする同盟を構築することによって、潜在的敵対国に対し、その共通の意志を明示的に伝達して抑止効果を確保することができる。一国家が敵対国の攻撃を事前に抑制する作用が「**抑止**(deterrence)」であるとすると、同盟という諸国の連合による抑止は「**拡大抑止**(extended deterrence)」ということになり(Huth 1988)、共同防衛の義務化を通じて拡大抑止の信憑性を効果的に確立できるところに同盟の意義を看取できる。

第二に、共通利益で支えられる提携であるが、その構成国は、地域平和に関する互いのコミットメント(公約)を疑問視する可能性がある。それゆえ、共同防衛を義務化することによって不確実性を排除し、将来にわたって共同防衛を「**信頼可能な約束事**(credible commitment)」とすることが、同盟の重要な役割となる。

第三に、共同防衛を効率的に実行するため、良好な締約国間関係を維持し、防衛の役割分担、指揮命令系統の統合などを通じて各締約国の防衛政策をうまく調節することが、同盟の政策的役割となる。

第四に、締約国が同盟外の第三国と外交関係を深めたり、または同盟を結んだりして、当該同盟の効果を相殺する可能性を排除することも、同盟の重要な外交的役割となる。たいていの同盟設立条約は、同盟の効果を相殺する国際協定を締結することを禁止し、そのような協定が締結される恐れがある場合、締約国協議の開催を義務付けている[②]（これとは対照的に、提携でこうした禁止条項を規定したり、関係国の行動を規律・調整したりすることは困難である）。その反面、これらの行動制限機能をもつ同盟は、様々な政治的な思惑によって利用される可能性を孕んでいる。「栄光の孤立」を廃して一九〇二年に日英同盟を締結した英国は、同盟の主目的であったロシアの牽制に加え、日本の対外行動を制約して極東における英国の権益を保護することを企図していた（Snyder 1997, 270）。また、NATOは、初代事務総長イスメイ卿によれば、欧州安全保障からロシアを排除し、ドイツを抑え、米国を引き込む効果を持っている[③]。つまるところ、同盟とは、国家間協調というヴェールをかぶった、主権国家による利益追求の権力的道具なのである。

2—見捨てられる恐怖

1　共同防衛義務の不履行

分権的な国際体系では、他の国際協定と同様、同盟の共同防衛義務という約束事に絶対的な拘束力を持たせることは困難である。共同防衛義務を遵守するかどうかの決定権は同盟の締約国が握っており、義務履行を国家に強要する超国家的な権限は同盟という制度自体に与えられていない。締約国の義務不履行は、救援を期待していた盟邦にしてみれば、**「見捨てられる恐怖」**（fear of abandonment）を意味する。見捨てられる事態は、条約該当事由が発生した際の共同防衛への不参加以外に、同盟の解消、盟邦の行動に対する外交的不支持などの形態をとっても発生する。共同防衛への不参加を例にとると、A・リーズの研究によれば、一八一六年から一九四四年までの間、同盟に参加していた国々が攻撃された盟邦の救援に向かうかどうかの決定を迫られた回数は一四三であったが、そのうちの四分の三のケースで共同防衛の義務が履行された一方、残りの四分の一では履行されなかった（Leeds 2003）。この統計が示すように、同盟への加盟自体が義務履行を自動化することにはならない。義務不履行の可能性は、同盟の信憑性にとって致命的な問題である。たとえ同盟国が共同防衛に固い決意を持っていても、その同盟に敵対する同盟または国家が必ずしもそうと見なしてくれるとは限らない。潜在的敵対国が共同防衛には甚大な犠牲や莫大な費用が伴うことを見越し、同盟の義務履行を疑問視すれば、同盟の拡大抑止効果は著しく低下することになる。

2　見捨てられる恐怖からの脱脚

義務不履行を解決するには、義務履行を実現する誘因を解明しておくことが先決となる。G・スナイダーによれば、義務履行の促進誘因は、⑴同盟を支える諸締約国の共通利益、⑵同盟という契約がもたらす法的責任、(3)国家の名誉や評判という認識的要因にある（Snyder 1997, 350-355）。これらのうちいくつかの誘因が希薄化すれば、見捨てられる恐怖が生じるとすることができる。見捨てられる恐怖が許容レベル以上に高まると、これを憂慮する締約国は同盟の絆を強化しなくてはならないが、既述した誘因が有効な対策を発見するうえで参考となる。

第一の誘因である共通利益の観点からすれば、見捨てられる恐怖は、特定の外的脅威に対して、同盟の締約国が相反する認識および利益を抱くことで発生する。見捨てられる恐怖を感じる締約国は、同盟以外に脅威に対処する確からしい政策選択肢を持っていないため、同盟に依存せざるを得ない立場にある一方、他の締約国は、当該脅威を自国の安全への恐怖と感じない地理的・政治的状況にあったり、あるいは脅威に対処する何らかの代替的選択肢を持っていたりしていて、共同防衛へのコミットメントを弱めている。このような状況に置かれた前者は、当該脅威に対する後者の義務履行は、将来、後者が同様の立場に立たされた際の前者の義務履行を担保するという共同防衛の「**互恵性**（reciprocity）」を強調して後者の義務履行を促すことができる。

一九〇六年、独墺同盟のオーストリアは、フランスとモロッコにおける利権争いを演じるドイツをアルジェシラス会議で支持したことによって、バルカン半島でのセルビアとの勢力争い（ボスニア危機）で盟邦ドイツの無条件支援の約束を取り付けることができたとされる（Snyder 1997, 228, 312）。日米安保条約の場合、近年、日本政府は米国の対外政策を間接的・直接的に積極的に支援するようになってきた。日本政府は、アフガニスタン攻撃（二〇〇一年）やイラク戦争に際して迅速に外交的支持を表明し、アフガニスタン攻撃後には海上自衛隊の燃料輸送艦を出動させて、米軍を含めたNATO軍の後方支援を行い、イラク戦争後にはサマワに陸上自衛隊を駐留させて米国のイラク政策を支援した。日本政府は、これらの対米支援活動によって、米国にとっての日米安保条約の価値を高め、北東アジアの不透明な国際情勢の中で高まりつつある見捨てられる恐怖に対処しているように見受けられる。

第二の義務履行誘因は、同盟という契約がもたらす法的拘束性である。法的拘束性は、基本的に、条約の締結・批准という手続き的側面および共同防衛義務の明確化や強化という実体法的側面によって担保される。第一次大戦前、北アフリカにおける権益をめぐってドイツと対立していたフランスは、ドイツの対英・対露積極外交によって見捨てられる恐怖をよりいっそう強く感じるようになり、英仏協商と仏露同盟の強化を企てた。英仏協商を明示的な共同防衛義務を伴わない協約に留めておきたい英国からは、対ドイツ戦争時の海軍支援の道義的コミットメントと二国間幕僚会議の開催を取り付け、同協商を事実上の同盟に格上げすることに成功し、ロシアに対しても、もしオーストリアがセルビアを攻撃し、ロシアがセルビアを支援すれば、フランスはロシアに外交的支持を供与するに止まるが、ひとたびドイツが介入してくれれば、これを機にフランスは対独宣戦布告に踏み切ると約束して、仏露同盟の条約該当事由を明確化した（Snyder 1997, 287-290）。また、一九五一年に締結された旧日米安保条約に関して、日本有事の際の共同防衛義務が欠落していたことを憂慮した日本政府は、条約該当事由の明確化を含めた同条約の改定を米国政府に要求し、六〇年、改定を取り付けた（田中 一九九七、一六一―一九三頁）。

これとは別に、法的拘束性は、共同防衛に関する指揮統制通信、役割分担、後方支援などを定めた補助協定によっても向上させることができよう。補助協定は共同防衛の効率性を向上させると同時に、同盟を各締約国の防衛政策の要として固定化する効果がある。すなわち、意図的に自国の防衛政策の独立性を犠牲にし、自国の安全保障を相当程度同盟に依存させることによって、同盟に対するコミットメントを対外的に明示することができる。冷戦終結直後の一九九〇年代初頭、北朝鮮核疑惑および中国の軍備増強が発生する中で日本政府は、日本の安全には北東アジアにおける米国の軍事プレゼンスが不可欠であることを再認識させられた。ソ連の崩壊を機に、北東アジアでの米国の地政学的関心が低下する懸念もあって、日本政府は一九九七年に日米防衛新ガイドラインを米国政府と策定し、九九年には周辺事態法という国内法によって法制化した。(4) 新ガイドラインは、「極東の国際の平和と安全」という目的で行動する米軍に対する日本の後方支援体制を整備し、日米の防衛上の役割分担を明確化することによって、日米安保条約に対する両国のコミットメントを強化する作用がある。

第三の義務履行誘因は、名誉や評判という認識に関わるものである。同盟の共同防衛という重要な国際的義務の不履行は国家の対外的信用を著しく傷つける。同盟内の利益均衡を攪乱させた不履行国は、当該同盟の他の締約国からの救援を期待できなくなるという重大な不利益を被る。さらに、不履行国は当該同盟以外でも、同国が締結している他の国際条約における利益を期待できなくなったり、また将来、他国と条約を結べなくなったりするという暗示的制裁を受ける。こうした当該同盟以外における信用失墜の不利益は、「**観衆費用**（audience costs）」として知られている。

観衆費用は必ずしも損失でなく、利用の仕方によっては義務履行装置となり得る。冷戦期、米国は地政学的に重要と思えない南ヴェトナムの防衛に重大な犠牲を払ったが、米国の関心は、むしろNATOや日米安保条約という米国の安全保障政策の根幹に関わる同盟の信憑性を維持することにあった。ヴェトナムへの介入を決めたジョンソン政権には、不介入は米国の信用低下を意味し、他の同盟を動揺させ、共産主義陣営に拡張政策を推進する誘因を与えかねないという、同盟信憑性の相互依存論、いわゆる「**ドミノ理論**」が席捲していた（Jervis 1976, 390；Gaddis 1997, 150-151；Schelling 1966）。そこでドミノ理論を逆手にとって、同盟ネットワークの中で、ひとつの同盟の義務履行によって他の同盟の信憑性を高めておくというのが米国の基本政策であった。

3—巻き込まれる恐怖

1　義務履行の罠

これまで見捨てられる恐怖を解消する方策について検討してきたが、この問題を完全に解消することが必ず各締約国にとって望ましいとは限らない。もし義務履行が完全に確保されると、盟邦の救援を確実視する締約国が、防衛以外の目的で好戦的な拡張政策を採る誘惑に駆られる。もし武力を伴った拡張政策が生じれば、盟邦は同盟の救援義務によりその非防衛的戦争に参戦し、戦渦に巻き込まれていくことになる。すなわち、同盟の絆の強化には、見捨てられる恐怖を低減する半面、理不尽な戦争に「**巻き込まれる恐怖**（fear of entrapment）」を高めてしまうというジレンマが付きまとう。

2　巻き込まれる恐怖からの脱脚

①制度　たとえ条約で反撃戦のみを対象に盟邦を救援すると定めても、攻撃を反撃のように見せかけて正当化し、救援を仰ぐことはさほど困難ではない。ゆえに、巻き込まれる恐怖の解消には、盟邦の好戦的行動を抑制するように制度を設定するというのが有効な対処法となるが、これを操作化するいくつかの手段がある。第一に、明示的な共同防衛義務を課さない協約あるいは提携を編成することによって、共同防衛を裁量的なものにし、巻き込まれる恐怖を制御する手段が考えられる。法的に同盟ではない米国と台湾の緊密な関係において、米国は武器売却などを通じて台湾の安全に一定の貢献を果たす一方、台湾海峡有事の際の米国の行動を不確定にして中国の武力行使を牽制するという「**戦略的曖昧性**(strategic ambiguity)」のスタンスを採っている (Tucker 2005)。同時に、この戦略的曖昧性は、台湾に対しても米国の救援は不確実であることを意味して、中国の武力行使を誘発するような無謀な行動（独立の宣言）を台湾が採ることを抑制している。

第二に、全締約国が共通利益として積極的に共同防衛に参加できる状況のみを同盟の条約該当事由とすることによって、結果的に見捨てられる恐怖を縮小することができる。日英同盟は、第三国（たとえばフランス）がロシアを支援しない限り、英国は日本とロシアの戦争に中立を誓うと規定し、共通利益の希薄な戦争に英国を巻き込まない工夫を講じていた (Snyder 1997, 292-296)。また、日米安保条約では、防衛義務の「片務性」によって日本は条約該当事由以外での米軍行動を軍事的に支援する法的義務を負っておらず、米国の戦争に巻き込まれる恐怖から解放されてきた。その一方、米国は、日本の安全保障を肩代わりすることの見返りとして軍事基地の供与を日本から受け、その結果、条約全体としての相互性は図られていると考えられてきたが、近年の状況変化を受けて同盟関係の見直しが検討されている。

制度的解決法以外にも、巻き込まれる恐怖を解消もしくは低減する方策が、A・ハーシュマンが組織の有効性を分析するために提案した「離脱（exit）」、「発言（voice）」、「忠誠（loyalty）」という概念から導出できる（Hirschman [1970] 2006）。以下では、これらに沿って代替的な対策について検討する。

②離脱　巻き込まれる事態を回避しようとする締約国は、同盟からの離脱によって究極的にその恐怖を排除できる。一九六六年、NATO加盟国であるフランスは、米国が欧州諸国に差し出した「核の傘」の信憑性を疑問視し、フランスが米国の戦争に巻き込まれる事態を懸念してNATOの軍事機構から離脱したが、独自の核抑止力を確保した後にNATO軍から自軍を撤収させた。この事例が示すように、同盟から脱退する場合、当然のことながら、自国の安全を確保できる代替的手段を用意しておかなければならない。

③発言　同盟から離脱せず、同盟に留まりながら巻き込まれる恐怖を低減する方策のひとつが発言である。この方策は、盟邦が実行しようとする強硬政策が同盟の共通利益に悪影響を及ぼす恐れがあることを指摘し、その行動に対して外交的不支持を表明することによって、理不尽な行動を止めるように盟邦を説得するものである。二〇世紀初頭、緊迫するバルカン情勢を危ぶむ英国外相グレイは、領土拡大を企てるセルビアを支援してオーストリアとの対立を激化させている盟邦ロシアに対して、英露協商の目的は締約国の影響力の拡大ではなく欧州の安全保障であることを繰り返し強調して強硬姿勢を改める

ように求めた（Snyder 1997, 332-334）。他方で、ドイツも、独墺同盟の盟邦オーストリアに対して、欧州の勢力均衡の維持という同盟の一般利益と特定国家の個別的外交利益を区別して、セルビアに対抗するオーストリアに対して好戦的行動を自制するように求めた（Snyder 1997, 84-88）。説得によって巻き込まれる恐怖を抑制するには、同盟内で各締約国の発言権を確保する平時・緊急時の締約国協議を制度化しておくことが必須である。しかし、外交的不支持によって盟邦を自制させ続けるには限界がある。盟邦に同盟へのコミットメントが希薄であると認識された場合、同盟の将来は危うくなる。

④忠誠　巻き込まれる恐怖は、盟邦の軍事行動に対して敵国が抵抗する可能性があるために発生する。巻き込まれる恐怖は同盟の拡大抑止の信憑性が十分でないから発生すると解釈すると、共同防衛に対する互いの忠誠を確認し、同盟の強化を図って敵対国を譲歩させてしまえば、巻き込まれる恐怖は根本的に解消できるということになる。しかし、この試みには落とし穴もある。一九一四年七月、サラエヴォ事件を契機にオーストリアは、セルビアに対して、とうてい受け入れられない要求を含んだ最後通牒を突きつけた。ドイツはバルカン紛争でオーストリアの自制を促してきたが、さらなる自制要求は独墺同盟を崩壊させると察知してオーストリア支持を決意した。たとえオーストリアとセルビアの間に戦争が勃発しても、欧州全面戦争への拡大を嫌う英仏がロシアを牽制し、ロシアはセルビア支援を躊躇するだろうから、戦争は局地化するという予測の上でのドイツの決定であったとされる。ところがドイツの期待に反し、仏露同盟の強化を受けてフランスの支援を当てにしたロシアはセルビア支援体制を部分的動員から総動員に格上げした。盟邦の支援を確約されたオーストリアとセルビアの態度は一層硬化し、結

果として、戦争は不可避となってしまった（Snyder 1997, 247-260）。

4—同盟のジレンマと国際制度

前節の最後の事例が示すように、巻き込まれる恐怖は、不可抗力によって発生するものでなく、同盟国が見捨てられる恐怖に対処することを目的に同盟の絆を過度に強化した人為的帰結として発生し、拡大する。第一次大戦前、強力なドイツを盟邦として持ったオーストリア・ハンガリーは、病める帝国オスマン・トルコの凋落で権力の真空状態が生じたバルカン半島での勢力拡大を企図し、盟邦であるドイツに巻き込まれる恐怖を感じさせていた。とりわけ第一次・第二次バルカン紛争でオーストリアはアルバニアの独立やセルビアに対抗するブルガリアを支援して、独墺同盟の仮想敵国であるセルビアやロシアを刺激していた。ドイツは、ビスマルクの時代から、英仏対立を前提にしてオーストリアに対しては欧州の勢力均衡という一般利益を重視した慎重な行動を採ることを期待していたが、仏露同盟、英仏協商、英露協商の相次ぐ成立と強化によって欧州における外交的手詰まり状態が明白になってくると、盟邦オーストリアへの一層の依存を余儀なくされた。ドイツはオーストリアの冒険的行動に危険を感じていたが、オーストリアへの支援拒否はドイツの孤立を招く恐れがあるため、支援を容認せざるを得なかった。すなわち、見捨てられる恐怖が巻き込まれる恐怖を凌駕した時、同盟の絆の過度の強化が行われ、競合する同盟の間の緊張関係は一挙に激化する。

ふたつの恐怖は、二律背反の関係にあるため、両方を同時に制御することはきわめて困難である。同盟の自己矛盾を防ぐには、同盟内で平時から共同防衛義務を確保して見捨てられる恐怖を低減しておき、有事の際に同盟国がその恐怖から同盟の絆を過度に強化しないように配慮しなければならない。しかしながら、共同防衛義務の強化は好戦的行動を誘発する恐れもあるため、それには限度がある。こうしたバランシングには、卓越した外交手腕と繊細な制度設計が必要となることはもはや言うまでもない。

第3章 抑止

第1章で検討した勢力均衡は、大国間関係に権力の平衡状態を構築することによって、国々の共存を脅かす拡張政策の抑制を図る体系的な安全保障概念である。これに関連して、極度に緊張した国家間関係、いわゆる国際危機の状況において、国家の安全と利益を脅かす敵国の武力の行使や武力による威嚇を事前に防止しようとする現実主義の政策概念が「抑止」である。国際的無政府状態では自国の利益を追求する主権国家の間にほぼ必然的に紛争が起こり、武力による威嚇が発せられれば、紛争が激化して国際危機が生じる。そこで抑止を採る国家は、自国の安全と利益を守る固い決意と、相手の武力行使に対して報復を行う能力を有していることを顕示して、敵国による武力の行使を事前に阻止しようとする。こうした抑止を実現させることができるならば、危機の発生を未然に防止し、たとえ発生したとしても危機を激化させないで平穏に管理できると期待される。

抑止の対極にある政策概念は、「宥和（appeasement）」である。抑止の観点からすれば、宥和は、武力行使を回避しようとする本来の目的とは裏腹に、威嚇に屈して相手の要求を受け入れてしまうため、更なる要求と威嚇を誘発し、かえって自国の安全と利益を害する危険なものとして映る。宥和の事例として、ナチス・ドイツのズデーテン割譲をめぐって開催されたミュンヘン会議での英仏の対応がしばしば挙げられるが、「ミュンヘンの失敗」は、教訓として第二次大戦後の主要国の対外政策に重要な影響を及ぼしてきた。

ところが、抑止を国際危機の基本戦略とした主要国でさえも、冷戦期およびポスト冷戦期を通じて抑止に成功してきたとは言い難い。超大国米国は、冷戦期、ソ連の通常兵器や核兵器による攻撃を抑止してきた半面、韓国や南ヴェトナムに対する共産主義勢力の攻撃を阻止することに失敗し、米軍を投入して大規模戦争を戦わざるを得なかった。共産主義の脅威が消滅した冷戦後も、米国は海外に駐留している米軍や米国本土に対するテロ攻撃の抑止に成功していない。米国以外の大国も例外ではない。英国はアルゼンチンの英領フォークランド群島侵攻を抑止できず、ソ連もアフガニスタンのムシャヒディーン・イスラム勢力の反抗を抑止できずに同国への軍事侵攻を余儀なくされ、新生ロシアもチェチェン分離独立派の軍事抗争やテロ攻撃の抑止に失敗している。さらに、コソヴォ紛争で北大西洋条約機構（ＮＡＴＯ）軍は、空爆の威嚇を発して、コソヴォ人に対する迫害を止めるようセルビア人勢力に警告したが、セルビアは警告をはったりと見なして迫害を止めなかったため、ＮＡＴＯは武力を行使せざるを得なかった。

本章では、どのような状況で抑止は成功し、どのような状況で失敗するのか、現代国際関係の脅威となっているテロリズムは抑止可能か、抑止に替わる先制行動原則が米国ブッシュ政権によって提起されているが、その効果はいかなるものかという諸問題について考察し、現実主義の危機戦略である抑止の可能性と限界を検証する。

1—抑止理論と抑止の失敗

1　国際危機の駆け引き

ある国家が、平穏な外交交渉でなく武力による威嚇を発しながら、現状の国境線、資源配分、政治体制などを変えるように他国に要求することで、国際危機は発生する。こうした行動を採る国家を修正主義国としよう（第1章第2節・第3節参照）。この挑戦に対して、現状の保護を企てる現状維持国は、もし修正主義国が武力を行使して現状を変えようとすれば、武力によって報復する用意があることを告げ、修正主義国の武力行使を事前に阻止しようとする。ところが、極度に緊張した国際危機では、相手国の思惑は正確には分からない。したがって、修正主義国は、現状維持国の決意が本物かどうか確かめながら、交渉と威嚇を交えて現状を変えようとする。

たとえ現状維持国が自国の安全と利益を守る固い決意を持ち、報復も辞さないつもりでも、修正主義国はそうと見なしてくれるとはかぎらない。修正主義国が現状維持国の決意を低く評価すれば、武力を行使して現状の変革を企てる。この場合、現状維持国が修正主義国を譲歩に追い込むことは困難となり、本格的な戦争は、現状維持国の譲歩によってのみ回避できる。たとえば、一九三八年、ヒトラーのズデーテン割譲要求に対して、チェコスロヴァキアおよび英仏が戦時動員を掛けたことにより国際危機が発生したが、ミュンヘン会議で英仏が割譲を容認したため、一時的ながら欧州戦争は回避された。

反対に、現状維持国が戦争も辞さない決意で断固として要求を拒否すれば、両国の間に戦争が勃発することになる。この場合の戦争は、現状維持国の決意を低く評価し、譲歩を期待していた修正主義国にとっては予想外の出来事である。一九三九年夏、ポーランド侵攻を狙っていたヒトラーが英仏の譲歩を見込んでいたように（第1章第3節参照）、自らが強硬策を選択するときは、必ずといっていいほど相手が譲歩してくれるという期待を前提にしている。こうした戦争の危険と隣り合わせの駆け引きが国際危機の核心である（鈴木 二〇〇〇、第二章参照）。

2 抑止の信憑性とシグナリング

前述した一般的な国際危機の略図に照らすなら、現状維持国は現状を守る固い決意を持っているという修正主義国の評価が抑止成功の重要条件であることが分かる。この条件が整っているとき、抑止に信憑性があると言える。しかし、不確実性と相互不信のなかで抑止の信憑性を確保することは容易でない。この問題を克服するためには、自己の固い決意を相手に明示的に伝達する、「**シグナリング**（signal-ing）」（送信）を行うことが要請される。

J・フェアロンによれば、シグナリングには少なくともふたつの方法がある（Fearon 1997）。そのひとつは、「自らの手を縛る（tying hands）」戦略と呼ばれ、現状維持国の政治指導者が修正主義国の武力行使に断固として対抗することを、修正主義国だけでなく自国民に対しても表明し、自らの退路を断って危機に臨む方法である。こうした声明を出したにもかかわらず、適切に行動しなかった政治指導者は、公約を守らなかった不名誉、国民に対する信用の失墜、政権からの転落などという政治的損失、いわゆる「観衆費用」を被ることになる。政治指導者にはこの費用を避ける強い合理的誘因があることを修正主義国に知らしめて、抑止に信憑性をもたせるというのが、自らの手を縛る戦略の要諦である。これに関連して、複数の国々が、重要な拠点が脅かされた際に互いに救援し合うことを条約によって義務化しておくことも、シグナリングの方法となる。この方法では、義務を果たさなかった場合に発生する盟邦の信頼の喪失や、将来、同様の国際的約束事が他国と交わせなくなるという不利益が、観衆費用ということになる（第2章第2節参照）。

フェアロンが提起するもうひとつのシグナリング法は、「トリップワイヤー（tripwire）」（仕掛け線）と呼ばれるものである。この方法は、戦略的に重要な拠点に軍隊を駐留させておき、駐留に掛かる費用をシグナルとする。観衆費用は、修正主義国が武力行使を行った後、それに対抗しなかった場合に限り掛かってくるが、平時からの駐留を必要とするトリップワイヤーの費用は、抑止を企図している限り恒常的に発生する。そのため、脅威がなくなれば、無駄な費用、いわゆる「ホールドアップ（holdup）」が生じることになる。修正主義国が駐留軍の居座る拠点を攻撃すれば、駐留軍は必然的に戦闘に巻き込まれることになり、トリップワイヤーは、戦闘と戦渦というかたちの費用を生じさせる。

これらふたつのシグナリング装置は、修正主義国にとって認識可能なものでなければならない。たとえ強力な装置を構築していても、その意図が修正主義国に正確に認識されなかったら意味がない。それに加え、シグナリング装置に関わる費用は大きなものでなければならない。固い決意を持っていない国家も容認できるような費用の程度であれば、修正主義国は、固い決意を持っていると見なしてはくれない。したがって、固い決意を持っている現状維持国は、大きな費用負担をする用意があることをシグナリング装置によって明示しなければならない。

3　シグナリングの成否

シグナリングがうまく作用して、現状維持国の決意が明示的に伝達されていれば、修正主義国が威嚇を発して国際危機を引き起こす可能性は小さくなる。危機が発生しないということは、実現された抑止は客観的に観測不可能であるということである。反対に、国際危機が発生してしまったということは、抑止の失敗を意味する。そこで以下では、まずフォークランド紛争（一九八二年）と朝鮮戦争（一九五〇～一九五三年）という、抑止が失敗したふたつの事例を採り上げ、抑止がなぜ実現されなかったのかを、シグナリングの有効性を検証しながら考察する。

①シグナリングの失敗　フォークランド紛争は、南大西洋の英領群島フォークランド（マルビナス）の領有権をめぐって英国とアルゼンチンが争った武力紛争である。当初、両国は領有権問題を交渉で解決しようとしたが、行き詰まった交渉にしびれを切らしたアルゼンチンの軍事政権が武力で群島に侵攻したことで危機が発生した。英サッチャー政権は、領域主権の回復を目指して、群島周辺で二〇〇海里排他的経済水域を確保するという内容の政府決定を表明してアルゼンチン軍の撤退を要求した。アルゼンチン政府が撤退を拒否したため、宣戦布告が発せられないまま、両国軍は戦争に突入した。一カ月余に

わたる軍事抗争の末、英国軍は群島の奪回に成功し、フォークランド紛争は終結した。

朝鮮戦争は、米国が韓国への北朝鮮の侵攻を事前に阻止できなかったという抑止の失敗で勃発した戦争として捉えられることが多い。米国の抑止失敗の原因として、通常、米国が韓国の防衛を約束する公式の同盟を李承晩政権と締結していなかったことに加え、(1) ソ連との合意によって韓国から米軍を撤退させたこと、一九五〇年一月にアチソン国務長官が公表した米国の太平洋防衛ライン構想からも韓国が欠落していたことが指摘される（Gaddis 1997, 72 ; George and Smoke 1974）。同年四月、北朝鮮の金日成主席がソ連のスターリン書記長と中国の毛沢東主席を訪問し、両氏から朝鮮半島統一の了承を取り付けた際、米国は韓国のために参戦しないと説明していたところにも、米国の意図が正確に伝達されていなかったことが窺われる（Gaddis 1997, 74）。中ソの軍事支援の約束を手にした金主席は、単独で侵攻不可能であった朝鮮人民軍を、同年六月、韓国に侵攻させた。

アルゼンチンの侵攻を阻止できなかった英国および北朝鮮の侵攻を抑止できなかった米国は、侵攻発生後、大規模な軍隊を擁して侵攻勢力に対抗した。本当は英国と米国は、それぞれフォークランドと韓国を保護する固い決意を有していたのである。にもかかわらず、両国が軍事大国でありながら抑止に失敗したということは、シグナリングの不備に原因を見出さざるを得ない。それでは、なぜ両国は適切なシグナリングを行わず、侵攻を容認してしまったのだろうか。

まず、フォークランド紛争に関して言えば、サッチャー政権は、アルゼンチン軍が群島に侵攻する直前まで侵攻の蓋然性を示す確かな情報を入手していなかったとされる（Freedman 2007, 216-217）。サッチャー首相は、たとえ適切な情報処理ができていたとしても、英政府が侵攻を防止するために大規模な海軍艦隊を群島に派遣すれば、アルゼンチン軍の侵攻を助長することになりかねなかったと回顧録で主張しているように、トリップワイヤーのような予防的軍事作戦に否定的であった（Thatcher 1993, 177）。派遣を命じられた英軍が本国から八〇〇〇マイル離れた南大西洋の孤島に到着する前に、アルゼンチン軍が三〇〇マイルしか離れていない群島に侵攻する時間的猶予は十分にあったのである。こうしたサッチャー政権の判断が不明瞭な意思表示および事前の英軍派遣の自重というかたちで表れ、その結果、アルゼンチン政府に英政府の群島を守ろうとする決意がうまく伝達されなかったと考えられる。開戦寸前まで、英政府の決意を知らないアルゼンチンのガルティエリ大統領は、「英国は遠く離れた南大西洋の孤島のために戦争をするだろうか」と周囲にもらし、英国の強硬外交を虚勢と捉え、米国や国連の和平提案をことごとく拒否してしまった（Lebow 1989, 110）。

朝鮮戦争では、シグナリングを妨げる力学がやや異なるかたちで米トルーマン政権内に生じていた。北朝鮮が侵攻する以前、トルーマン政権は、李承晩政権への軍事的支援の約束は、同政権の好戦的行動を助長する、いわゆる「**モラル・ハザード**」（倫理の欠如）を発生させることを懸念して、アチソン国務長官が公表した太平洋防衛ライン計画から韓国を除外しておいたと考えられている（Cummings 1990, 425, 428）[2]。アチソンの狙い通り、北朝鮮の侵攻前、李大統領は米国の軍事的救援を期待していなかったとされる（Gaddis 1997, 73）。ソ連も北朝鮮に対して同様の懸念があったにもかかわらず、北朝鮮に支援を供与したことをアチソンは「愚行」と呼んで批判したことに鑑みると（Cummings 1990, 434）、アチソンはモラル・ハザードによって戦争が勃発する危険を強く認識していたようである。朝鮮戦争の勃発を契機に、トルーマン政権は、NSC‐68（国家安全保障会議文書）を採択して反共封じ込め政策を本格化していくが、このために同政権が北朝鮮の侵攻を意図的に誘発したのかどうかは判然としていない(Cummings 1990, 432; Gaddis 1997, 74-75)[3]。

抑止および拡大抑止は、それぞれ修正主義国の先制攻撃を誘発する危険と、盟邦の好戦的行動を引き起こすモラル・ハザードを孕んでいる。これらの危険を許容レベル以上に拡大させず、なおかつ修正主義国の武力行使を事前に阻止する適度のシグナリング装置を設計することは容易でない。抑止に伴う威嚇が強すぎれば、修正主義国は予防的な先制攻撃を仕掛けるかもしれないし、拡大抑止に盛り込まれる軍事支援の保証が確かなものであれば、盟邦が先制攻撃に出るかもしれない。どちらにしても、戦争が勃発し、本来の抑止の目的は達成されない。逆に、威嚇または支援保証が弱すぎても、修正主義国の侵攻を許してしまう。

②シグナリングの成功　次に、瀬戸際で抑止が成功した事例としてキューバ・ミサイル危機（一九六二年）を採り上げ、この危機でいかにシグナリングが作用したのかを検証する。この危機は、冷戦期、カストロ共産主義政権が誕生したキューバにソ連が核ミサイル基地の建設を企てたことに対して、米国本土からほど近いところに核兵器が設置されることを憂慮した米国が計画の撤回を求めて対立したことによって発生した。シグナリングの論理どおり、ケネディ米大統領は、危機発生直後、米国と同盟国の安全を確保するために、すべての対抗策を採ることを米国民に表明して、米国の決意をソ連のフルシチョ

フ書記長に伝達しようとした。さらに、決意の具体的表明として、米海軍の艦船をキューバ近海に集結させ、キューバに入港しようとする船舶に武器やミサイル基地関連物資が搭載されていないかを臨検する海上封鎖を展開した。この状態で、ソ連船がキューバに入港しようとすれば、海上封鎖を突破せねばならず、必然的に米海軍との間に軍事衝突を引き起こすことになる。実際に、ソ連の潜水艦が水面下で米艦船に急接近した際や、米艦船が貨物船に対して臨検を行おうとした際、両国政府間に極度の緊張が奔《はし》った。こうした一触即発の事態は、米艦船がトリップワイヤーとなっていたことを示し、A・ジョージをして、海上封鎖は圧力と交渉上の優位をもたらし、米国の決意をフルシチョフに伝達するのに十分であったと言わしめた（George and Simons 1994, 114）[4]。

こうした見解に対して、近年公開された外交文書を精査したG・アリソンとP・ゼリコーは、海上封鎖の実効性に疑義を呈する知見を提示している（Allison and Zelikow 1999, 121-129）。彼らによれば、海上封鎖は選択的にしか履行されず、いくつかの船舶は封鎖ラインを通過することを容認された一方、ソ連政府も米国の対抗策が海上封鎖という穏やかなものであったことに安堵し、報復として西ベルリンに対する同様の封鎖を模索していた。フルシチョフの態度を強硬から融和に転換させたのは、むしろ、海上封鎖を対抗策の第一歩と位置づけたケネディ政権が、フロリダに陸・空軍を集結させてキューバを軍事的に威嚇したことだった。米国がキューバ攻撃を開始すれば、ソ連はキューバを救援せざるを得ず、その結果、核保有国による直接戦争が勃発することをフルシチョフは恐れた。核の使用は、相互確証破壊をもたらす自己矛盾であるため、米国にとっても核による威嚇に信憑性をもたせることは困難であった。

しかし、核保有国間の対立が激化すれば、核による対決の可能性は否応なしに高まってしまう。極度の緊張状態では、予期せぬ機器の誤操作や非合理的な判断によって破滅への扉は開かれる。こうした相互確証破壊の恐怖こそが究極的な抑止を実現させたのである。

4　新たな抑止概念としての先制行動原則

前項で言及した事例に見られるように、冷戦期、抑止の概念が主要国の国際危機政策を律してきた。ところが近年、抑止概念を転換させる「**先制行動原則**（preemptive action principle）」が米国ブッシュ政権によって提起され、実施されつつある。(5) ブッシュ大統領は、二〇〇二年九月、「米国国家安全保障戦略」を公表し、その序文において、米国は「危機の前兆が認められる場合、それらが完全に顕在化する前に」行動を起こす意思を持つと宣言した。大量破壊兵器（ＷＭＤ）がテロ集団や「ならず者国家」の手に渡って濫用される恐れのある現代では、外的脅威が顕在化した後に防衛行動を起こしても防衛本来の目的を達成できないと考え、現代型の脅威に対しては、脅威が顕在化する前に、それを阻止するという先制行動原則が必須であるとブッシュ政権は主張する。

この「**ブッシュ・ドクトリン**」の先制行動と「**予防戦争**（preventive war）」との差異については、ブルッキングス研究所の報告書が次のように説明している。「この概念は、攻撃準備中の敵を攻撃するという従来の先制行動の定義に限定されず、予防措置、すなわち、攻撃を予測させる具体的な証拠がない場合でも敵を攻撃することをも意味する」(6) として、ブッシュ・ドクトリンは予防戦争と区別できないとの判断を示している。実際に二〇〇三年、ブッシュ・ドクトリンは、WMDを隠し持っていると疑われたイラクに適用され、十分な確認がなされないまま米軍の武力攻撃が実行された。

先制行動原則は、抑止で想定される現状維持国と修正主義国の関係を一変させる。すなわち、同原則を採る国家が修正主義国となって、将来、脅威となる可能性がある現状維持国に対して、先制攻撃による威嚇を発しながらWMDなどの廃棄を要求する。この要求に対して現状維持国がWMDの廃棄を完全かつ明示的に行えば、基本的に先制攻撃は発動されない。ところが、両国の関係に相互不信や不確実性がある場合、修正主義国は、初期評価として、現状維持国にWMDが存在する可能性を推定し、もし現状維持国がこの初期評価を十分に変える行動を採ることができないならば、たとえ本当にWMDが存在しなくとも、修正主義国は先制攻撃を行うことになる。イラク戦争の場合、戦後の捜索によって、攻撃の理由だとされるWMDや九・一一同時多発テロの実行犯アルカイーダとフセイン政権の関連を裏付ける証拠を発見できなかったことを勘案すると、米国は、このケースに陥ったと考えられる。すなわち、不確実性の下での先制攻撃原則は、武力紛争を避けるうえで必要となるシグナリングの責務を相手国に押し付ける。

先制行動原則が国々の間で広まり、競合する国家も同じ原則を採るとすると、この国家も相手の先制攻撃の威嚇が発せられる前に同様の威嚇を発するようになり、両国の戦略的関係はきわめて不安定になることが予想できる。既に考察したように、戦争防止という観点からすると、抑止は不完全であるが、先制行動原則は、抑止の不完全性を補完できないばかりか、より悪化させる恐れさえある。

2—取引戦略としての武力行使とテロリズム

これまで、情報という視座から抑止と武力行使の関係を考察してきたが、代替的な見方として近年脚光を浴びるようになってきたものに、武力行使を一種の暴力的な「取引（bargaining）」として捉えるものがある。T・シェリングが「傷つける力（power to hurt）は取引の能力である。その力を利用するのが外交である。これは悪意に満ちた外交であるが、外交である」（Schelling 1966, 2）と論じたように、相手に痛手を負わせる能力を持っていることを武力による威嚇や武力の行使によって示し、その相手から譲歩を引き出すことは、外交交渉の一部である。[7] シェリングは、こうした外交戦略が古代でも使われていたことを『ガリア戦記』を引用して示している。紀元前一世紀、ガリアを任地とする属州総督に就任したローマ帝国のカエサルは、ガリアの諸部族を制圧するためにローマ軍を使って戦わなければならなかった場合だけでなく、武力を誇示するだけで目的を達成できた場合も経験した。ローマ軍兵士にしてみれば、戦場で戦うことが手柄を立てる絶好の機会だったのであるが、総督にしてみれば、予測される武力行使の悲惨な結末を知らしめることで制圧できれば、実際に武力を行使する必要はなかった。

ローマ帝国軍のように圧倒的な軍事的優位がなくても、「傷つける力」を取引に利用することは可能である。たいていの小国は、大国を相手にした外交協議で不利な立場に立たされる。協議で満足のゆく結果が得られないとなれば、武力による威嚇や武力の行使を交渉打開策とする可能性が出てくる。軍事力に乏しい小国は、大国を相手にしてどのような軍事戦略を採ろうとも全面的勝利を得られないことは承知しているが、大国に対して多少でも被害をもたらすことができる武力を保持しているならば、その被害に見合った譲歩を引き出せるかもしれないという思惑を抱くようになる。この場合の譲歩は、大国の全面的屈服でなく、たとえば、独立の承認、経済制裁の停止、特定地域からの軍隊の撤退、傀儡《かいらい》政権や反政府集団に対する支援の停止などという限定的なものである。小国は、軍事力の格差とそれに伴う犠牲を考慮したうえであえて反抗してくるため、大国がその卓越した軍事力によって小国の反抗を抑止することはきわめて困難となる。

この観点からすれば、近代戦争の中でもヴェトナム戦争を反抗の典型と見なすことができる。一九五四年、ジュネーヴ協定で分断されたヴェトナムの統一を目指すホーチミン政権（ヴェトナム民主共和国、通称、北ヴェトナム）は、米国と協議を継続してもヴェトナムの「内政」に介入しないという約束は得られないと考え、武力による南北統一を企てるようになった。東アジアにおいても既に反共封じ込め政策を本格化していた米アイゼンハワー政権は、ゴ・ディン・ジェム政権（ヴェトナム共和国、通称、南ヴェトナム）に経済・軍事的支援を提供することを決め、南ヴェトナム解放民族戦線（ヴェトコン）の反政府活動を鎮圧する目的で軍隊（ＡＲＶＮ）を組織させた。六一年に就任したケネディ政権は、前政権の対北ヴェトナム政策を継承し、それを一層強化した。新政権は、ＡＲＶＮの無力が露呈すると直接的な軍事支援を明確にして、ＡＲＶＮに対して軍事顧問団を派遣し、六二年までに一万五〇〇〇人の規模に拡大した。顧問団は攻撃された場合の交戦権も付与され、事実上の正規駐留軍となっていた。

一九六四年八月、北ヴェトナムの魚雷艇が米軍艦船を攻撃するというトンキン湾事件を契機に、米議会が事実上の宣戦布告となるトンキン湾決議を採択し、北ヴェトナムの侵略行為の抑制に必要なすべての方策を採れる戦時大権をジョンソン大統領に授権した。大権を受けて増強が図られた駐留米軍は、三万五〇〇〇人まで膨れ上がり、ヴェトナムへの直接的な軍事介入を本格化することになった。六五年二月、ヴェトコンはブレイクの米軍基地を攻撃し、報復として米軍が北爆を開始したことによって戦争が勃発した。ジョンソン大統領は、同年四月の国政演説で、ヴェトナムからの撤退は米国の信用を台無しにするとして、自己の政治生命を賭けて米国の信用を保護する決意を米国民に向けて表明した。(8)

その後も、ホーチミン政権は怯《ひる》むことなく、米軍の凄惨な爆撃に耐えながら、南の傀儡政権の打倒を目指した。同政権の戦略は、ゲリラ戦法によって対米戦争を消耗戦に持ち込み、米国内の厭戦気運を高めて米国政府に北の提案を呑ませるものであった。壮絶な戦闘の末、一九七三年、北ヴェトナムは南ヴェトナムおよび米国とパリ条約を締結し、北緯一七度線を境界とした停戦、米軍の撤退、戦争捕虜の解放、サイゴンへの北ヴェトナム軍の駐留を勝ち取り、その二年後、思惑どおりに米国の支援を失った南ヴェトナム政権を崩壊へと追いやった。ヴェトナム戦争は、政治生命を賭けた大統領の声明と米軍の駐留によって米国の決意が明示されていたにもかかわらず、ヴェトナム統一を企図したホーチミン政権に対して抑止や強制はまったく意味をなさなかったことを明確にした。

今日、国際平和の重大な脅威となっているテロリズムも同様の反抗というかたちで発生していると考えられる。限られた資源しか保有していないテロ集団は、大規模な軍事力を持つ国家から全面的降伏を勝ち取ろうとしているのではない。多様なテロ集団の目的を一般化することは困難であるが、テロ集団は、たいてい、標的とする国家から分離独立、資源配分の変更、統治制度の変革、軍隊の撤退などという政治的譲歩を獲得しようとしたり、または当該国家を「非道な国家」と見なしてそれに「懲罰」を下そうとする。こうした目的を達成するには、当該国家に正面戦略で挑戦することは非合理であり、むしろ最小の資源によって当該国家の政府要人や一般市民に最大の恐怖を与えるテロリズムという手段が合理的戦略となる（Crenshaw 1998 ; Betts 2002）。つまり、軍事力の格差が大きければ大きいほど、取引戦略は移動性と不可視性を増してテロ化する。

テロリズムは不当な武力行使であり、断じて許されるものではない。しかし、テロ攻撃を事前に阻止することはきわめて困難である。これを傍証するように、米国ブッシュ政権は、九・一一同時多発テロ後、テロ攻撃を「戦争」と捉え、主犯アルカイーダを匿《かくま》っていたタリバン政権への軍事攻撃を含めた強硬策でテロリズムに対処しようとしているが、その効果は判然としない。米国の強硬策は、イスラム系テロ集団への同調者の増加や中東諸国との関係の悪化を招いてテロ集団とその支援者の摘発を困難にさせ、むしろテロの危険を拡大しているようにも見受けられる。とりわけ、二〇〇七年七月に提出された米国情報評議会報告書（United States National Intelligence Council 2007）は、イラク戦争後も米国本土に対するテロ攻撃の危険性は低下していないと警告している。現時点で、国際的テロリズムに対する実効性のある対策は確立されていない。軍事的強硬策の代替として、テロリズムを「犯罪」と見なして各国の治安機関の連携によって摘発・防止するもの、テロの温床となる貧困や権威主義を是正するもの、正当な政治目的を持つテロ集団の政治過程への参加を促進するものなどが提案されているが、これらの方策の有効性の検証が焦眉の課題となっている（Katona, Intriligator, and Sullivan 2006 ; Wilkinson 2000 ; 宮坂 二〇〇五）。

3―抑止の可能性と限界

抑止を実現させるには、自国の安全と利益を守る固い決意が必要であるというのが、現実主義の通説であった。本章では、決意と抑止の成功との間に単線的関係はなく、多数の可能性が存在することを示した。要するに、たとえ戦争を望まない合理的な国々の間でも抑止が失敗して戦争が生じる場合があり、それには少なくともふたつのケースがあることを解明した。

ひとつは、現状維持国の決意と報復能力は十分であるが、それらが修正主義国に正確に認識されないならば、不確実性をめぐる危険な駆け引きが行われることによって危機が激化し、抑止は失敗するものである。観衆費用とトリップワイヤーを利用したシグナリングは決意の伝達を図る有効な方法であるが、必ずしも完全なかたちで抑止を実現してくれるものではない。本章の事例が示したように、シグナリング装置に武力による適度な威嚇が盛り込まれていない限り、抑止を実現することは難しい。威嚇が弱すぎれば、修正主義国の侵攻を許し、強すぎても、対立が激化し、予期せぬ事故か非合理な判断によって戦争が勃発する恐れがある。トレード・オフを含んでいる抑止を実現させるには、偶然と芸術的な外交手腕の要素に頼らざるを得ないのである。

もうひとつは、現状維持国がたとえ十分な報復能力を持ち、抑止の決意を明示的に伝達できる装置を備えていたとしても、修正主義国またはテロ集団が、軍事的に優位にある現状維持国に対して、武力によって多少なりとも被害を与えることができると判断し、その被害規模に応じた譲歩を引き出そうとする場合、軍事的に優位に立つはずの現状維持国が抑止に失敗するケースである。こうした反抗を未然に防止する方策は、攻撃に対して脆弱な拠点をすべて完全に防御するという非現実的なものか、または協議というもの以外に存在しないのかもしれない。

抑止に関わるこれらふたつの克服し難い問題は、権力と強制に依存した現実主義の平和構想の危うさを露呈している。本書の第Ⅱ部では、こうした不完全性を克服する非権力的な国際制度に着眼し、「制度による平和」の可能性について考える。

第Ⅱ部　制度による平和

序章で述べたように、国際平和が脅かされている状況には、少なくとも二種類ある。ひとつは、武力行使の蓋然性、あるいは脅威が潜在し、「不確かな平和」さえ達成されていない状況である。もうひとつは、武力行使の蓋然性は相当程度低下しているのであるが、相手国の意図、戦略、軍備に関する情報が十分でないため、不確実性や相互不信が原因で国家間の緊張関係が高まり、平和が脅かされる状況である。脅威と区別するうえで、不確実性と相互不信によって安全が脅かされる状態をリスクと定義できる（Wallander and Keohane 1999, 26）。

現実主義は、権力が支配する国際体系において脅威が潜在することをほぼ当然視し、安全を確保するには国家が権力の行使や権力による威嚇によって脅威を排除し、独力で対処できない場合は、同様の安全保障利益を有する他の国家と同盟を編成して共同で対抗するべきであると論じてきた。本書の第2章では、国際制度否認論を展開してきた現実主義であるにもかかわらず、現実主義が安全保障の方策として提案する同盟はまさしく国際制度であり、同盟本来の目的を達成するには周到な制度設計が要請されることを示した。こうした同盟は、敵対国が発する脅威を識別し、同盟国が脅威に共同で対抗していくための規則、規範、手続きを包含する「**排他的な国際制度**」である（Wallander and Keohane 1999, 25）。

第Ⅱ部では、リスクが平和を脅かしている状態を想定し、リスクを平穏に管理する国際制度について考える。国際関係にリスクが存在するならば、国家は、相手国が攻撃的意図を持っているという最悪の事態に備えて自国の軍備や軍事戦略を強化する。相手国も同様の行動を採って自国の安全を確保しようとすれば、両国の対立は一挙に激化する。こうしたリスクに対しては、対抗的な排他的制度よりも、むしろリスクの根源を内部化し、リスクを煽る国家行動を制約したり、国家間の情報交換を促進する国際制度を適用して処理する方が的を射ている。こうした制度は、排他的制度と対照的な「**包括的な国際制度**」である（Wallander and Keohane 1999, 26）。

分権的国際体系で構築され、その中で実効性を確保できる国際制度は、超国家的国際法ではなく、あくまでも国家主権を重視し、その締約国の共通利益に資するように締約国の行動を調整・規律するものでなくてはならない。しかし他方で、こうした国際制度は、普遍的な立法・行政・司法機能によって支えられていないため、以下のような問題に直面する恐れがある（Hart 1961, 228-231）。

第一に、自国の利益を優先する主権国家を構成員とする分権的国際体系では、「約束は守らなければならない（*pacta sunt servanda*）」とする規範が完全に浸透していないため、自発的に国際制度を受け入れた国家であろうとも、制度の規則を遵守するかどうかについて確証がない一方、遵守を徹底する強力な司法・行政機構も存在しない（**遵守の問題**）。第二に、たいていの国際制度は「規則の集合」であり、自己完結的な体系を構成していない。すなわち、制度は、行動標準を定めた**第一次ルール**のみから成り、状況の変化に応じて制度改正を適宜行う立法機能を持った**第二次ルール**を兼備していない。そのため、制度改正には全締約国が参加する多国間交渉が必要となるが、もし交渉が開始されなかったり、紛糾したりするならば、必要な改正は適宜行われず、制度は形骸化し、もはや締約国の共通利益に資するものでなくなってしまう（**形骸化の問題**）。第三に、通常、国際制度には、締約国の行動に関する法的評価および締約国間の紛争を仲裁する裁判を行うことができる強力な管轄権を持った司法機能が整備されていない。そのため、複数の締約国が規則に関して食い違った解釈を施した場合、解釈をめぐる紛争を解決し、規則の遵守を確保することはきわめて困難となる（**仲裁の欠如**）。これらの問題点は、分権的国際体系で実効性のある制度を構築する難しさを示す傍ら、制度が包含しなければならない諸機能について重要な示唆を与えている。

第Ⅱ部では、具体的な包括的安全保障制度として、核兵器の拡散を防止する軍備管理（第4章）、停戦を監視・管理する平和維持（第5章）、対立を武力抗争に発展させないように平穏に管理する国際的仲介（第6章）を考察の対象とする。第４章で検討する軍備管理制度は、一定の質的・量的水準を超える武器を開発・配備しないという国際合意を構築して武器をめぐるリスクを管理するものであるが、この制度では行動規則を締約国にいかに守らせていくのかという遵守の問題が最も重要な制度的課題となる。第５章の考察の対象となる平和維持制度も、前提とする停戦合意の諸規則――武力行使の停止、停戦ラインの遵守、兵力分離など――の遵守状況を監視・管理するものであるが、停戦合意を当事国にいかに守らせていくかという遵守の問題だけでなく、変化する紛争の形態に応じて平和維持活動自体をいかに変革させるのかという形骸化の問題が焦点となる。最後に、第６章で検討する国際的仲介については、武力や司法的権威に頼ることなく、紛争をいかに平穏に管理できるのかが問われる。

第4章　軍備管理

軍備を拡大しようとする国家の多くは、潜在的敵国の攻撃を未然に防止してくれる抑止効果を軍備に求める。もし競合する複数の国家が同様の期待の下で軍備を拡大すれば、これらの国々の間には**軍拡競争**が生じることになる。国々の軍備に対称性が維持されていれば、不確実性が十分に小さい限り、相互抑止が作用して、「権力による平和」を樹立してくれる（第3章参照）。ところが、競合する国々の軍備に重大な非対称性が発生したり、あるいは軍備に関する不確実性が拡大したりすると、相対的に大きな軍事力を獲得したと考える国家は先制攻撃を行う誘惑に駆られる一方、自国の軍事力が相対的に縮小していくことを危惧する国家も、戦略的立場が危険なレベルまで悪化する前に予防攻撃を行う事態に追い込まれる。その結果として、両国は戦略的にきわめて不安定な状態に陥ることになる。

軍拡競争は、国家間の政治対立の原因ではなく、むしろ政治対立の結果であるが、ほぼ不可避的に政治対立を深刻化させる。[1] そこで、対立の激化を避けるため、特定の軍備の質および量に一定の制限を設けて、国家間の戦略的関係を安定化させることを目指す国際制度が「**軍備管理**」である。[2] 換言すれば、軍事的に競合する国々が、制度不在の状況では軍拡競争が熾烈化して自国の安全に重大なリスクをもたらすという認識を共有している場合、それらの国々の間に軍備管理制度が構築される。

軍拡の抑制を国々の共通利益として締結された軍備管理制度であろうとも、本章で検討する様々な理由によって遵守されない可能性がある。したがって、軍備管理制度がその効力を発揮するには、遵守問題を効率的に解決してくれる装置、すなわち遵守装置を包含していなければならない。遵守装置の制度設計に関する概念モデルには、「**執行モデル**（enforcement model）」と「**管理モデル**（managerial model）」というふたつがある。[3] 両モデルは、遵守の基本原理を明らかにして、実際の制度を設計・評価するだけでなく、問題があればその原因を発見し、改善策を施すうえで大変役立つ。本章は、執行モデルと管理モデルを形作る論理および操作化する諸制度を概観し、**核不拡散条約**（**NPT**）という具体的軍備管理条約を事例にして、ふたつのモデルの観点から、「制度による平和」の可能性と限界について検討する。

1―執行モデル

1 結果の論理

執行モデルは、法の執行によって遵守を確保することを意味している。この考え方は、通常、国内社会で実践されている。遵守問題が人々の間の契約に関わるものであるとすると、契約に違反したと疑われる者に対して、検察機関が事実確認を行い、司法機関が法的評価を実施し、司法の審判は行政機関によってほぼ確実に履行される。契約の不履行が法的制裁の対象になりうることを規定している法制度を持つ国内社会での契約遵守は、公権力に基づいた集権的な執行モデルで確保されると解することができる。しかし、超国家的な法体系や機関が存在せず、主権が並存する国際体系において、集権的な執行モデルを実現することは不可能である。

執行モデルを国際制度に適用する場合、その実態は、主権の平等性を認識し、各締約国が負う法的義務・負担や取得する権利と利益の均衡に立脚した「**相互主義**」の原則に基づいたものにならざるを得ない。この分権的執行モデルは、締約国の個別的合理性判断を前提とし、遵守の期待純便益が非遵守の期待純便益を上回る状況を確保することによって条約の履行を図る「**結果の論理**（logic of consequences）」を内包するものとなる。具体的に、結果の論理に基づいた分権的執行モデルは、条約義務の履行を検証するための事実確認や法的評価の役割を各締約国に委ねる一方、相互主義の観点から、義務不履行が生じた場合、違反国に対して**対抗措置**を科す権利を他の締約国に与え、こうした相互牽制を通じて遵守を確保するものである。

しかしながら、分権的執行モデルには、違反国に対して他の締約国は対抗措置を発動する権利を本当に行使するのか、違反に対してどの程度の対抗措置を規定しておけば、遵守の回復または違反の抑止を図れるのか、違反を正確に確認できるのかなどの問題が付きまとう。以下では、これらの問題を検討し、分権的執行モデルの有効性について考える。(4)

2　執行モデルの諸制度

まず、考察を容易にするために、軍備管理制度が存在しない二国間の軍拡競争を想定しよう。A・B両国が、自国の軍備を拡大する［軍拡］と、軍備を一定水準に制限しておくという［制限］のうち、どちらかひとつを選択する政策問題に直面しているとする。両国がともに［制限］を選択すれば、軍拡競争は発生せず、安定的な戦略関係が維持されるが、両国がともに［軍拡］を選択すれば、軍拡競争が発生し、二国間関係は一挙に緊張する。また、一方が［制限］を選択するにもかかわらず、他方が［軍拡］を選択したならば、後者は軍事的優位に立って前者の安全を脅かす。外在的な調整装置がない状態では、各国とも［軍拡］を選択する誘惑に駆られるため、二国間関係の帰結は、軍拡競争という、両国にとって不適切なものとなる。

今度は、［制限］を行動規則とし、相互主義を遵守理念とした無期限の軍備管理条約が、A・B両国の間で締結されたとする。そうなると、たとえば、B国が規則に違反して［軍拡］を選択したとするならば、相互主義の原則によってA国には［軍拡］と同程度の対抗措置をB国に科す権利が与えられる。この制度の下でB国は、直面する選択の短期的結果だけでなく、各選択肢が長期的関係にどのような影響を与えるのかを考えて意思決定を行わなければならなくなる。条約が無期限であるため、両国が抱く「**将来の影**（shadow of the future）」が遵守の確保を左右する重要な鍵を握る。将来の影とは、国家が将来の関係で得られる利益を現時点においてどの程度重んずるかを意味する認識的要素である。どのような意思決定者であれ、こうした将来展望を抱いて行動を選択するはずである。

もし国家が長期的展望を持つならば、将来の利益を重んじて行動することになるが、短期的思考に陥っているならば、目前の利益を重視することになる。両国がともに遵守を選択し続けるには、両国が長期的展望を有していなければならない。この場合、各国は、違反国に対して対抗措置を科し、その結果、違反国は、将来の相互遵守から得られる利益が違反による一時的利益を上回り、自国にとって遵守を継続して選択するほうが得策であると判断するようになる[5]。かくして、分権的執行制度の下で、長期的展望を共有する両国によって遵守が確保され、軍備管理条約は無事履行される。冷戦期、米ソが戦略攻撃兵器制限暫定協定（SALT Ⅰ）などを締結して核軍拡競争の抑制と安定化を図った基底には、こうした分権的執行制度が構築されていた。

反対に、どちらかの国家が短期的思考に陥っているならば、対抗措置の可能性を認識しつつも違反の一時的利益を重んじるため、遵守の誘因は希薄になる。また、軍備の抑制に不満を感じ、軍備の拡大により大きな利益を見出している場合にも遵守誘因は低下する。これらの場合、遵守の確保には違反の誘因を減殺する対抗措置が必要になる。もし相互主義に基づいた対抗措置で違反の誘因を減殺できなければ、さらに強力な対抗措置が要請され、執行モデルは、相互主義から懲罰主義へと理念を転換することになる。ところが、厳格な懲罰によって遵守が回復できるとは限らない。懲罰によって両国の関係が険悪化し、重大な紛争が生じることが予想されるならば、遵守を回復させたい対抗国であろうとも、懲罰を科す合理性を見失ってしまう。北朝鮮核問題において、韓国が北朝鮮に対してきびしい対抗措置を科すことに躊躇した理由は、北朝鮮が対抗措置によって袋小路に追い込まれた場合に韓国を攻撃して甚大な被害を与える軍事力を保持しているところにある。韓国にとって、北朝鮮の違反を容認するという帰結は、第二次朝鮮戦争という帰結よりも明らかにましである。したがって、こうした場合の遵守の確保には、事態を極度に悪化させない、比較的緩やかな対抗措置を長期間採り続けることが妥当となる。

これまで相手国の遵守状況は確認できるものとして考察を進めてきたが、分権的執行モデルで採用される国家レベルの検証装置（ＮＶＭ）で他国の遵守に関わる正確な情報を入手することは、たとえ情報収集技術が飛躍的に向上した現代であろうとも容易でない。もしある締約国が違反を行っているならば、その証拠を隠蔽しようとするし、たとえ違反を行っていなくとも、安全保障の観点から自国の軍備に関わる情報を公開することに難色を示すだろう。これらの理由などから遵守状況がＮＶＭによって直接確認できない場合、対抗国は潜在的違反国の遵守状況を間接的に示してくれる代替指数を用い、その指数が一定の許容基準を超えたならば、違反が確認されたとして対抗措置を発動するという、**「トリガー装**

置」を導入することになるだろう。代替指数とは、規制対象の兵器の製造原料・機器の取得状況、当該兵器の製造過程から発生する物質の排出量、亡命者などによる証言などというものであり、たいてい測定誤差や偽証の影響などのノイズを含み、必ずしも実態を正確に把握してくれるものではない。そのため、実際に違反が生じていないにもかかわらず、不慮の出来事で代替指数が基準値を超えると、トリガー装置の下では、対抗措置が発動されてしまう(6)。

二〇〇〇年代初頭、イラクや北朝鮮に対して米ブッシュ政権は、トリガー装置のような意思決定手続きを用いて**大量破壊兵器**（**WMD**）開発の存否を推測し、違反を示す状況証拠が十分であると判断して対抗措置の発動を決めたと思われる。イラクに対してブッシュ政権は軍事攻撃という究極的な制裁を科し、北朝鮮に対して、核兵器の獲得を目指した濃縮ウラン（HEU）開発計画が認められたとして、一九九四年枠組み合意で定められたすべての協力を打ち切る制裁措置を行った。しかし、イラクのWMDの証拠はイラク戦争後も確認されておらず、北朝鮮のHEUに関する判断の妥当性も疑問視されている(7)。筆者に正確な情報があるわけではないが、一般的に言えることは、たとえ国家が国際規則を遵守していたとしても、相手国に違反であると誤認され、それによって対抗措置が科される恐れがあると認識してしまえば、遵守の誘因は希薄化するということである。こうした事態を防いで遵守を確保するには、遵守状況を公正に検証できる制度とその制度に裏付けられた最低限の信頼関係が不可欠なのである。

以上、分権的執行モデルの制度とその有効性について考えてきた。遵守の鍵となる対抗措置の強度や発動基準は、締約国の将来展望や情報ノイズの程度によって柔軟に決められなければならず、そのため、事前に条約で規定するというよりも、むしろ締約国の合理的判断に委ねられることが分かった。また、締約国が採る対抗措置の手続きによっては、不適切に対抗措置が発動されたり、対抗措置が発動されず違反が野放しになったりする危険があることも分かった。この問題は、分権的執行モデルには遵守状況の確認の点で致命的欠陥があることを浮き彫りにしている。次節で見る管理モデルは、事実確認や法的評価に関わる手続きを制度化する一方、執行モデルとは異なる遵守の論理を包摂している。

2—管理モデル

1　適切性の論理

国際法学者のA・チェイズとA・H・チェイズは、管理モデルの要諦を「制裁の脅威でなく、国際条約の締結を可能にした利益の均衡を特定の微視的文脈の中で再構築すること」と定義する（Chayes and Chayes 1995）。このモデルは、各締約国が規則を遵守することが適切であるという認識を共有している場合に遵守体制が整うとする「**適切性の論理**（logic of appropriateness）」に依拠した遵守メカニズムを提案する。この論理によると、締約国が遵守を適切な行為であると見なすには、条約に正当性と透明性が確保されていなければならない（Franck 1990, 24）。

一般的に条約は、単に締約国が義務の便益と費用を比較衡量した結果として採択したものでなく、共同して共通利益を探求、再定義、発見した創造的過程の所産である。そのため、条約には締約国の共通利益実現のために設立された実体法としての正当性があるとされる（Chayes and Chayes 1995, 5）。こうした一般的解釈に加え、管理モデルは、条約の規範や規則が締約国に受け入れられ、無差別に適用され、最低限の公平性や平等性を有している状態において、条約の正当性は確保されると考える。[8] また、透明性を、条約の規範・規則・手続きと条約に関わる締約国の政策行動についての知識や情報の入手可能性と定義し、透明性を確保することは、締約国の遵守行動を調整して締約国の疑心暗鬼を低減し、遵守履歴の公表によって違反の抑止を図ることができると考える（Chayes and Chayes 1995, 135-153）。

この管理モデルの観点からすれば、締約国が義務不履行に陥るのは、⑴条約内容が曖昧であるため、遵守行動と違反行動が容易に区別できない場合、⑵条約の遵守に必要となる法的・行政的能力が締約国に不足している場合、⑶条約を取り巻く環境に重大な変化が発生し、条約の正当性が著しく低下した場合である（Chayes and Chayes 1995, 10）。これらの状況で生じる義務不履行は、制裁されるべき違反行為でなく、むしろ是正されるべき法制度的問題なのである。

2　管理モデルの諸制度

執行モデルと異なる因果律で制度と遵守を結んだ管理モデルは、条約の正当性と透明性を確保する諸制度として次のものを提案する。

①国際査察制度　執行モデルで採用されるＮＶＭによる履行状況の確認には限界があるため、管理モ

デルは、それに代わる**国際査察制度**の導入を提案する（Chayes and Chayes 1995, 177）。国際査察制度は、実効性の高い最も強度なもののひとつと考えられるが、その運用は国家の領域主権や排他的管轄権の制限を伴うため、その導入には締約国の抵抗が懸念される。しかしながら、たいがいの場合、条約を管理する国際機関の機能的な権限が属地的な支配権力に転化する可能性は低く、締約国の主権そのものが否定される事態は避けられる。したがって管理モデルは、たとえ主権を重視する国家であろうとも、自国の安全の確保を図るうえで査察制度を自発的に受け入れると考える。

②紛争解決制度　軍備管理条約に限らず、どのような国際条約でも多かれ少なかれ不完全な規定が存在する。こうした「**不完全な契約**（incomplete contract）」の問題は、少なくとも次の三つの理由で協定に入り込む。第一に、異なる利益や考え方を持つ国家の間で詳細にわたって国際条約を形成することは大変困難である。関係国の利益が衝突し合意形成が難しい場合、交渉決裂を恐れる交渉者は合意を創造しなければならない。それには利益衝突を招く文言の削除または曖昧化が交渉手段として用いられる。第二に、条約が作成された時点で、未だ開発されていない軍事技術を予測して条約の中に盛り込むことはほぼ不可能である。予想もつかなかった新たな軍事技術や兵器が開発されたとき、その条約は事後的であるが不完全な契約となる。第三に、軍備管理条約は、締約国間の軍事的力関係を特定レベルに設定・維持することを目的とするが、条約締結時に、当該条約が軍事的力関係にもたらす影響を完全に予測することも困難である。たとえば、条約の対象になっていなかった新兵器が開発されたり、条約で規定されていない他の兵器が増強されたり、非締約国の軍備が拡大したりした場合、軍事的力関係は条約

を通じて維持できなくなる。このような不確実性に備えて、通常、条約には条件付き条項や見直し条項が盛り込まれる（Koremenos 2001）。こうした予防的措置は、締約国の利益から乖離《かいり》しないよう条約を維持する制度的工夫である半面、条約自体をアドホックなものにしてしまう。これらの原因で生じる不完全な契約は、本質的に合理的であるものの、条約に関する幅広い解釈を可能にする。少しでも戦略的に優位に立ちたい締約国が自国に有利になるように条約を解釈しようとすれば、締約国間に解釈の相違が生じ、条約の遵守体制は揺らぐ。したがって、ルールの確定性の回復には、中立的かつ公正な条約解釈を提供してくれる司法的紛争解決制度が必要不可欠になる。

③**キャパシティ・ビルディング**　最後に、管理モデルは、前述した国際的遵守装置以外に、締約国内の法行政能力の向上が遵守の確保に大変重要であると考える。こうした**キャパシティ・ビルディング**は、条約の締結・批准・発効に関わる国内政治行政手続きの整備、国内実施法の強化、法執行に携わる専門の行政・司法機関の整備および担当官の技能の向上を含む。国内遵守基盤の強化は、当該締約国が条約を遵守するというコミットメントを対外的に発信できる効果を持ち、外部からも国内基盤が充実している締約国の遵守能力は高く評価される。その結果、締約国間の信頼関係は深まり、条約の遵守体制が強化される（Slaughter 2004）。

これまで概観した執行モデルと管理モデルは、どちらも制度主義に立脚した遵守装置であるが、遵守に関する異なる論理を基盤とする。実際の軍備管理制度は、どちらか単一のモデルに依拠しているというよりも、むしろふたつのモデルを特定の配分で包含した遵守装置を構築している。次節で考察するNPTもそうした複合型のひとつである。NPT体制は、近年の違反疑惑によって動揺しており、遵守装置の再点検が喫緊の課題となっている。以下ではNPTの制度的諸問題についてふたつのモデルの観点から検討する。

3―核不拡散体制の制度的諸問題

NPTは、新たな核保有国の出現を防止するため、一九六七年一月以前に核兵器を獲得した国を「**核兵器国**」とし、それ以外のすべての国を「**非核兵器国**」として、後者が核兵器を製造、受領、取得することを禁止する国際条約である。NPTが五大国（米国、ロシア、英国、フランス、中国）による核兵器の独占を長期化し、既存の国際権力構造を維持する効果を持つ点に鑑みると、その実態は大国間カルテルであると見なすこともできる（納家 二〇〇〇）。この観点からすれば、NPTは、本質的に不平等な条約であり、相互主義に依拠した執行モデルや正当性に依拠した管理モデルは当てはまらないように思われる。しかしながら、NPTは、第四条によって核兵器国が原子力の平和利用という形で非核兵器国を**国際原子力機関**（**IAEA**）を通して支援し、第六条によって核軍縮を進めることにより、条約の相互性と正当性は原則的に確保されることになっている。その結果、ほぼすべてのNPT非核兵器国は、NPTの発効から三〇年以上、規律を遵守し続け、中には共同で非核地域を構築した国々もある。この広範な遵守の継続は、どちらのモデルに依拠するものなのか判別することは困難であるが、NPTに頑強な遵守装置が存在していることを示唆している。しかし他方で、一部の締約国による違反行為によってNPTの遵守装置に疑義が呈されていることも事実であり、NPTの二面性が顕となっている。

1　執行モデルから見た問題

執行モデルからすれば、違反に対して、他の締約国が違反の利益を相殺するのに十分な対抗措置を迅速に採ることを規定した手続きがNPTに包蔵されているかどうかが焦点となる。この観点からNPTを評価すると、以下のような問題が浮上する。

①不確かな対抗措置　NPTには義務不履行に対する対抗措置として、原子力の平和利用に関わる支援の停止、または平和利用支援で供与された核物質や設備の返却（IAEA設立協定第一二条A-7）、あるいはIAEA理事会が重大な違反と認めた場合の国連安全保障理事会（安保理）への付託（同第一二条C）が規定されている。しかし、先端技術が拡散した現代の国際関係で、違反国はIAEA以外のルートで核技術・物質を獲得している可能性が高く、平和利用支援の停止や返却は違反国に対する重大な制裁とならない。それに北朝鮮のように、平和利用支援によって供与された核物質や設備が軍事に転用された場合、それらを返却してもらうことは非常に困難である。また、安保理が制裁を決議するには様々な政治的障害がある。もし十分な制裁措置が迅速に授権されないならば、遵守の回復は困難になる。さらに、こうした対抗措置に関わる制度的不備や不透明性によって、遵守の誘因が希薄化する恐れもある。

第1節で考察を行った二国間関係では、集合行為問題、またはフリー・ライド（ただ乗り）の問題は発生しなかった(9)。ところが、NPTのような多数国間条約の場合、多くの締約国が対抗措置に参加しないとその実効性は確保できないため、フリー・ライドの問題が表面化することになる。対抗措置によって回復される遵守は、多数の締約国によって享受される**公共財**である半面、その公共財を導出する対抗措置は、それを発動する国家に被制裁国との関係を悪化させるという個別的不利益をもたらす。各締約国が、あえて自国が対抗措置に参加しなくても、他の締約国が制裁し、遵守を回復してくれると判断して離脱すれば、対抗措置の効果は薄れ、対抗措置を科そうと考えていた国々でさえも効果のない対抗措置を採ることに消極的になる。したがって、違反国に対する制裁の義務化が対抗措置の信憑性を確立する要件となるのだが、国連安保理で制裁の義務化を決議することも、また政治的に容易でない。

②遵守利益の喪失　K・サガンによれば非核兵器国が核兵器を獲得しようとする背景には次の状況がある。すなわち、非核兵器国が核保有国の軍事的脅威に曝されていると認識する場合、国力を顕示して国民の支持を取り付け、政権の延命を図ろうとする場合、強大となって地域的覇権を獲得したい場合、経済的利潤の拡大を狙う産業界の圧力に政府が屈した場合などである（Sagan 2000）。この中でも最も厄介な状況は、核保有国から脅威を受け、自国の安全のために核抑止力を持つことを迫られているものである。この状況で不履行の便益を相殺できる対抗措置はかなり強力なものでなくてはならないが、こうした対抗措置を発動できるのは、事実上、大国である核兵器国に限られる。ところが、非核兵器国の核開発の理由が核兵器国の軍事的脅威である場合、核兵器国による対抗措置は、その脅威を拡大してしま

い、核武装化を諦めさせるどころか、むしろ促進することになりかねない。こうしたジレンマが北朝鮮やイランの核問題の基底にある。

この場合、対抗措置よりも理に適《かな》っていると同時に遵守回復に有効な方策は、違反の費用でなく、遵守の便益を拡大するものになる。核兵器国が非核兵器国に対して核兵器による威嚇または攻撃を行わないことを約束する「**消極的安全保証**（negative security assurance）」には、非核兵器国が核抑止力を獲得する誘因を縮小し、義務履行の便益を拡大する効果がある。北朝鮮の非核化交渉で米国が北朝鮮から安全の保証を要求され、それに応じたのは、消極的安全保証の遵守効果を利用しようとしたことが背景にある。

現行のNPTは消極的安全保証を成文化していないが、NPT無期限延長の際、国連安保理決議九八四において核兵器国は、非核兵器国に対して消極的安全保証を供与する約束を条件付きながら行った。ところが、消極的安全保証にはいくつかの問題がある。第一に、消極的安全保証には法的拘束力がないうえに、核兵器国は核兵器の使用と威嚇を含めた軍事戦略の情報開示を行っていないため、消極的安全保証の履行状況を客観的に確認することはできない。第二に、米国は生物化学兵器を持つ非核兵器国に対する核兵器の使用や威嚇を放棄していないし、中国を除いた他の四大国も、核兵器国と同盟関係または提携関係にある非核兵器国の攻撃に対する対抗策としての核兵器の使用を放棄していない。第三に、NPT非締約国で、核兵器を保有しているとされるインド、パキスタン、イスラエルは、消極的安全保証に対する態度を明確にしておらず、その脅威に曝される非核兵器国は、核抑止力を獲得する誘惑に駆られてしまう。したがって、NPTは、非核兵器国同士の間の核リスクは低減できても、公式・非公式の核保有国による核の脅威が潜在するところでは、非核兵器国の遵守便益は確保できていない。

2　管理モデルから見た問題

次に、制度の正当性と透明性に遵守の誘因を見出す管理モデルの観点からNPTを評価すると、少々異なる問題が浮上する。

①**査察の限界**　管理モデルは、遵守の透明性の確保には国際査察制度の導入が不可欠であるとするが、領域主権や排他的管轄権の制限という理由で査察手続きに関して締約国の同意が得られない場合がある。NPTは、非核兵器国に対して、条約義務の履行を確認するためにIAEAと**保障措置協定**を締結することを求めている。しかし、保障措置協定のひとつである全面的保障措置のモデル協定（INFCIRC/153）は、IAEAの保障措置の中心をなす通常査察においては、当該締約国の関連施設のすべての場所へのアクセスを認めていない。また、異常事態が発生した場合や疑義がある場合には、追加の場所にアクセスすることのできる特別査察が実施されることになるが、これまでIAEAが未申告の施設において特別査察を実施したことはなく、少なくとも実行上はIAEAの保障措置におけるアクセスは限定されている（浅田 二〇〇〇、九六―九七頁）。アクセスに制限がある保障措置の欠陥は、保障措置協定を受け入れていたイラン、イラク、北朝鮮に核疑惑が発生したことによって露呈し、非核兵器国には未申告施設へのIAEAのアクセスを受け入れる**保障措置協定追加議定書**（INFCIRC/540）の批准が求めら

れている。ところが、追加議定書の批准状況は芳しくない。

②法遵守基盤の不備　たとえ外的な核の脅威が存在しなくとも、非核兵器国政府が国内の軍産複合体の利潤追求または政治家の国内支持獲得の圧力に屈して核兵器の開発に踏み切った事例がある（Sagan 2000）。こうした政府は、きまって存在しない軍事的脅威を強調して核開発を正当化する。たとえば、南アフリカのデ・クラーク首相は、自国の核兵器開発を、一九七五年の隣国アンゴラへのキューバ軍の侵攻に象徴される共産主義拡大の脅威を口実に正当化していた。ところが実際には、核兵器開発計画は、すでに七一年から鉱業省と鉱業業界が中心となって、国防省との協議なしで推進されていたとされる。さらに、共産主義の脅威が消滅した冷戦終結よりも前に、南アフリカ政府は核兵器の廃棄を決断しており、この決定の裏には、アパルトヘイト政策を採ってきた白人政権が遅かれ早かれ終焉し、核兵器が黒人中心のアフリカ民族会議（ANC）の手に渡ることに対する恐怖があったとされる（Sagan 2000, 33-35）。条約の履行は、法遵守基盤が締約国内で整備されていることを前提とするが、国内遵守基盤が脆弱であるところでは、こうしたかたちの義務不履行が発生してしまう。

③実効性のある紛争解決制度の不在　公式の紛争解決制度を持った軍備管理条約は稀であるが、条約で設置された協議機関が非公式の紛争解決制度の役割を果たして規則の透明性を向上させることがある。SALT Iで設置された協議委員会（SCC）は、関連兵器の廃棄に関する具体的手続きを明確化するなど不完全な協定条項を改善する紛争解決の役割を果たした（Chayes and Chayes 1995, 207）。NPT体制にも理事会と総会が設置されているが、どちらも構成国が多数であるため、非公式の紛争解決制度と

して機能する可能性は低い。ＩＡＥＡ協定第一七条Ａは交渉で解決できなかった条約解釈に関する紛争を国際司法裁判所（ＩＣＪ）に付託できると規定しているが、この規定は、ＩＣＪの管轄権問題によって形骸化している（第6章冒頭参照）。

④正当性と透明性の揺らぎ　先述したように、ＮＰＴは核兵器国の核保有を容認し、非核兵器国の核武装を禁止する非対称な制度であるが、原子力の平和利用と核軍縮の約束によって条約の相互性は原則的に確保されることになっている。核兵器国の核軍縮への真摯な取り組みがＮＰＴ無期限延長の条件となっていたことを考慮すると、核軍縮が同制度の正当性にとって重要条件となっていることが分かる。ところが、米国とロシアは二〇一二年までに戦略核弾頭を一七〇〇～二二〇〇発に削減するモスクワ条約を二〇〇二年に締結したものの、戦術核兵器の削減交渉を中断し、さらに小型核兵器の開発を計画しているように、近年、核兵器国による核軍縮の進捗状況は思わしくない。二〇〇五年ＮＰＴ再検討会議では、核廃絶に向けた明確な約束を実行する具体的な措置を核兵器国に求める非核兵器国側と、これに抵抗する核兵器国が対立して、核軍縮問題の根深さが改めて浮き彫りになった。他方で、ＮＰＴの透明性を向上させる方策として、**包括的核実験禁止条約**（**ＣＴＢＴ**）が合意に至ったが、核兵器に直結するプルトニウムやＨＥＵの製造を禁止する**核兵器用核分裂性物質生産禁止条約**（**カットオフ条約**、**ＦＭＣＴ**）の協議は行き詰まっている。今後、核軍縮の具体的手続きが示されず、ＦＭＣＴの発効も遅れれば、ＮＰＴで最低限確保されていたとされる公平性および透明性は失われ、遵守を導く正当性はさらに一層希薄化するだろう。

4—国際制度の必要性と権力性

本章は、軍備をめぐるリスクを権力でなく制度によって制御しようとする国際的取り組みについて考察してきた。制度の義務履行を確保する概念として、結果の論理に依拠した執行モデルおよび適切性の論理に即した管理モデルについて概観し、ふたつの遵守論理をNPT体制に適用して、NPTが抱える制度的諸問題を検討した。その結果、執行モデルからすれば、NPTの欠陥は、制度を支える利益均衡に欠かせない相互性を十分に確立していないところにあり、管理モデルからすれば、遵守を誘発する正当性と透明性を担保しながら、遵守を確認・評価する査察・紛争解決制度を適切に整備していないところにあることが分かった。既述したように、NPTは、両方のモデルの要素を包含した軍備管理制度であるが、この複合性が問題ではなく、各モデルが遵守の要件とする相互性、正当性、透明性が国家主権の壁に阻まれて十分に確保されていないところが問題となっている。

これらの知見が示すように、NPTに重大な制度的欠陥があるとするならば、主要非核兵器国による義務履行は、制度の諸機能によるものでなく、むしろ核兵器国が供与した核抑止力によるものであるとする解釈の説得力が増してくる。すなわち、核兵器国から「核の傘」が差し伸べられた非核兵器国は、自国の安全を保障するうえで、独自で核兵器を保有する必要がないためにNPTの義務を遵守してきたのかもしれない。換言すると、国際制度は国際的権力構造の上に成り立っている「権力構造の付随的現象」（Mearsheimer 1994-1995）であると説く現実主義の仮説を論駁する証拠は、NPTに関してみればあまりにも乏しい。非対称の国際的権力構造を反映するNPT体制では、核保有国から脅威を受けている非核兵器国は、ほぼ必然的に核保有の誘惑に駆られてしまう。そこで発生するNPTの規律をめぐる対立は、権力性に満ちた国際制度がもたらす不可避的な政治闘争なのである。

NPTの実効性に疑念があるとしても、核の不拡散が国際の平和と安全に不可欠であるという観点からすれば、NPTに代わる不拡散装置も国際制度であらざるを得ない。NPT体制の限界を認識した米ブッシュ政権は、代替的な核拡散防止概念として「**拡散に対する安全保障構想**（**PSI**）」の普及を図っている。PSIは、核を含めたWMDおよび運搬用ミサイルに関する技術・物資の輸出入管理や船舶・航空機の臨検などという供給サイドの管理体制の強化を目指すものであり、需要サイドに傾斜したNPTと一線を画す。PSIにしても、米国の権力と単独行動だけで拡散防止を果たせるわけでなく、多数国間の政策協調を図る国際制度の構築が不可欠である。したがって、NPTと同様、PSIも制度設計と政策評価において、執行モデルまたは管理モデルという遵守論理の適用を免れないのである。

第5章　平和維持

前章で検討した軍備管理制度は、特定の軍備の質・量などに関する諸規則を策定し、条約の全締約国に遵守させることによって、軍拡競争のリスクを縮小することを目的としていた。本章では、停戦合意の遵守を促進する「**国際連合（国連）平和維持活動（PKO）**」の制度について検討する。ＰＫＯは、権力でなく制度を手段とし、同盟でなく諸国の共同体である国連を通じて停戦合意に潜むリスクを管理するという点で、国際の平和と安全に関わる国際制度であると言える。

国連が行うＰＫＯは、これまでほとんど施行されてこなかった集団安全保障に代わる国際安全保障制度として創設され、国連の最も重要な平和支援活動のひとつにまで発展してきた。[1] 国連憲章に直接的な設立規定を持たないＰＫＯは、国連が行うべき平和支援活動に関する加盟国の期待が収斂し、その期待に応えるために創設された慣習法的制度である。これは、前章で検討した軍備管理制度が、締約国による公式の交渉を経て構築され、軍備に関する具体的な規律を包含した明示的な国際制度であったことと対照的である。

活動間で具体的任務に違いがあるものの、一般的な従来型のＰＫＯは、紛争当事国によって締結された停戦合意を前提とし、緩衝地帯に停戦監視団または平和維持部隊を配置し、戦闘の停止および侵攻した兵力の撤退を監視・管理することによって、停戦合意の遵守を確保しようとする制度である。たとえ当事国に受け入れられた停戦合意であろうとも、軍備管理条約と同様、停戦合意の締約国がその約束事を遵守し続ける保証はない。さらに、PKOは、成文化されていないうえに、国家主権、内政不干渉、武力不行使などの原則に縛られるため、遵守の確保は容易でないと考えられる。したがって、本章の第一の目的は、PKOによる「遵守の問題」の克服の可能性と限界について解明することである。

第二の目的は、PKOが直面したもうひとつの制度的問題である「形骸化の問題」について検討することである。一般的に、制度を取り巻く環境が変化する中で、制度の実効性が低下して締約国の共通利益に資することができなくなれば、制度は形骸化してしまう。PKOでは、この問題が一九九〇年代初頭に顕在化することになった。国際紛争の一般的形態が国家間戦争から内戦へと変容し、紛争当事国の主権と内政不干渉原則を重視する従来型PKOでは効果的に紛争処理を行うことが困難となった。この紛争形態の変化を受けてPKOは多角化の道を歩むことになるが、紛争によっては従来の限定的任務から逸脱し、「平和創造」または「平和構築」という新たな活動に着手するようになった。平和創造の機能や問題については国際的仲介という文脈で第6章で詳述し、平和構築については自由主義的方法による紛争解決と見なして第8章で言及するが、本章の後半では、形骸化問題に対処するためにPKOが行った制度変革の過程を理論的に解明する。

1—従来型国連平和維持活動の制度と機能

1　PKOの五原則

PKOは、「国際の平和及び安全」の維持という、国連憲章の前文で謳われている国連の基本目的に符合するが、同憲章にPKOを規定した条項は存在しない。PKOの先駆けとなった第一次国連緊急隊(UNEF I)を創設するに当たり、ハマショールド国連事務総長は、PKOの法的根拠を、「**紛争の平和的解決**」を定めた同憲章第六章と「**平和執行**」を定めた第七章から導出した[2]。その後、PKOの任務形態を具体的に規定する基本原則が漸進的に形成されていったが、M・グールディングによると、基本原則は次の五つから成る(Goulding 1993, 453)[3]。

①国連活動　当然のことと思えるであろうが、PKOは国連活動である。そうであるからには国連安全保障理事会(安保理)、または国連総会がPKOの派遣および任務内容を決定する権限を持つ。安保理決議または総会決議を基に、国連事務総長が最高指揮官としてPKOの運用に責任を持つ。

②当事国の同意　紛争当事国が停戦に合意し、PKOの受け入れに同意してはじめてPKOを行う土壌が整う。これは国連活動の内政不干渉原則を規定した国連憲章第二条第六項に依拠している。さらに、同項は第七章に定められた強制措置が適用されたときにはその限りでないとしているが、強制措置でないPKOが内政不干渉原則に抵触することは許されない。

③中立性・公平性　ＰＫＯはすべての当事国に対して中立的立場を採り、かつ当事国間の軍事・政治的バランスに影響を与えないように公平に行われる。

④暫定的措置　ＰＫＯは暫定的な活動であり、常設部隊を創設しない。国連加盟国が特定のＰＫＯへの参加・撤退を決定する権限を持ち、国連事務総長や安保理にその権限はない。

⑤武力不行使　ＰＫＯ部隊による武力行使は自衛目的だけに限定される。これは国連憲章第二条第四項に基づくものであり、同項は、同憲章第七章に基づく強制措置以外の武力行使を禁じている。(4)

これらの原則は、国家主権を原理とする伝統的国際秩序の中で平和維持活動を遂行する上できわめて重要である。ＰＫＯを派遣する国連加盟国にしてみれば、国連活動と暫定的措置の原則によって派遣の可否を決定する権限を確保できる一方、ＰＫＯを受け入れる紛争当事国にしてみれば、内政不干渉と武力不行使の原則によって外国による影響力の行使を排除でき、中立性・公平性の原則によって紛争解決における主導権を維持できる。すなわち、これらの原則によって、ＰＫＯの具体的任務内容を派遣国および紛争当事国の双方にとって受諾可能なものに作り上げることができる（Abbott and Snidal 1998, 20–21）。かくして、伝統的国際秩序の中で国々の選好は決まり、国々の選好によってＰＫＯの原則は規定される。こうした制約的な基本原則の中でＰＫＯがその任務を達成できる秘訣は、次項で見るふたつの機能に隠されている。

2　焦点機能とコミットメント機能

従来型ＰＫＯは、紛争当事国が停戦に合意し、共同して同活動の受け入れを表明してはじめて開始される。紛争当事国が停戦に合意する状況とは、たいてい、戦闘を繰り返してきた当事国が、双方に残っている戦力がかなり拮抗していると判断し、これ以上戦闘を続けても被ることが予測される戦禍や戦費を上回るだけの利益を得られないと推測している状況である（Wittman 1979; Zartman 1985）。もしどちらか一方の当事国が戦闘を継続することに純利益を見出しているならば、その当事国が停戦に合意することはあり得ない。つまり、当事国は、停戦に合意した時点で停戦合意を遵守する意志を抱いているはずなのである。しかし実際には、双方が停戦合意を遵守したいのだが、相手は遵守しないのではないかという疑心暗鬼が発生し、その結果、停戦合意が踏みにじられ、戦闘が再発した多数の事例が存在する。停戦合意が当事国の自助努力だけでうまく履行できないとなれば、ＰＫＯのような第三者機関による関与に期待が寄せられる。超国家的権限を持たない第三者機関が停戦の維持に重要な貢献を果たすことができるとするならば、その効果は、次のふたつの論理によって論証できる。

第一の論理は、停戦合意に潜む「**調整問題**（coordination problem）」を解決する装置としてＰＫＯを捉えるものである。(5) 調整問題では、両国が行動の調整に成功して停戦合意をともに遵守すれば、（暫定的）平和を得られることは互いに分かっている。たとえ合意を一方的に破っても、双方とも相手を完全に敗退させる決定的な兵力を持っていないため、再開された武力紛争は停戦前のように泥沼化してしまうことも分かっている。こうした状況で両国は、平和をもたらす調整に成功するように思えるが、相互不信と不確実性の中で調整を図ることは容易でない。

Ｔ・シェリングによれば、こうした調整問題を克服するためには、「**焦点**（focal point）」の機能が働くことが必要となる（Schelling 1960, 54-58）。焦点機能を担えるひとつの要素は、当事者によって共有される「約束は守らなければならない」という内在的認識である。しかし、戦闘を繰り返してきた紛争当事国の関係において認識的な焦点が作用するとは思えない。その代替として、外在的な焦点機能を担おうとするのがＰＫＯである。もし一方の締約国が停戦合意を踏みにじってもう一方の締約国を攻撃すれば、その行動は停戦監視団またはＰＫＯ部隊によって観察され、国連に報告される。そうなれば、違反国は、国際社会の強い批判に曝されるだけでなく、その行為は国際の平和や安全を脅かす侵略として安保理に付託されことになるかもしれない。したがって、違反の不適切さを締約国に知らしめる外在的焦点機能を創出して調整問題を克服しようとする制度がＰＫＯなのである。

ＰＫＯの停戦維持効果を論証するもうひとつの論理は、約束履行に関わるものである。この論理では、停戦合意を締結した当事国が「**協力問題**（collaboration problem）」に陥っていることを想定する。[6] 協力問題では、既述した調整問題のように、両国が協定をともに遵守すれば、（暫定的）平和が得られる半面、各国は、相手を敗退させ、戦利を独占できる決定的な兵力を持っているため、停戦合意に一方的に違反する強い誘惑に駆られている。そのため、両国は合意遵守が望ましいと思っているにもかかわらず、遵守はきわめて難しくなっている。こうしたジレンマを解消したい両国は、ＰＫＯを受け入れることによって停戦合意を遵守する固い意志を有していることを相手に伝達し、相手の認識を変化させて予防的違反行為を抑制しようとする。すなわち、受け入れられたＰＫＯは、停戦合意を「信頼可能な約束事」

（第2章第1節参照）に転換し（コミットメント機能）、遵守をめぐるジレンマを解消する制度装置を提供することになる（Fortna 2004, 12-16）。

以上、本項で概観した焦点機能およびコミットメント機能のどちらにしても、停戦合意の締約国のどちらか一方または双方が停戦合意を次の戦闘のための準備期間であると見なしている状況においては停戦維持に貢献する余地はまったくない。(7) 停戦を戦略的に用いようとしている当事国は、そもそもＰＫＯを受け入れないので、こうしたケースは、ここでの考察から除外される。この前提は、ＰＫＯの成功に好都合すぎると思われるかもしれないが、武力紛争を続けてきた当事国にとって、相互不信と不確実性の中で約束事を共同して遵守することは決して容易でない。だからこそＰＫＯが必要とされる。

遵守の確認という役割を第三者に要求するふたつの機能は、軍事的威嚇や外交圧力を必要とせず、五原則に制約された従来型ＰＫＯの監視・管理という任務によって提供可能である。こうしたＰＫＯの実質的効果は、シナイ半島に派遣された複数の国連緊急隊を事例にして確認できる。スエズ危機終結後に派遣された第一次国連緊急隊（ＵＮＥＦ Ｉ、一九五六～一九六七年）は、エジプトのナセル大統領が第三次中東戦争を機に退去命令を下すまで、イスラエルとエジプトの間に「一〇年間の平和」という、この地域としては画期的な帰結をもたらした。ところが、第三次中東戦争後、ＵＮＥＦ Ｉに代わるＰＫＯ部隊は派遣されず、七三年、第四次中東戦争が勃発し、両国は再び戦火を交えることになった。その後、第四次中東戦争を終結させた停戦合意を受けて、同地域に第二次国連緊急隊（ＵＮＥＦ Ⅱ、一九七三～一九七九年）が派遣され、平和条約締結後にその任務を引き継いだ多国籍軍が現在に至るまで駐留を続け、その結果として、停戦の破綻を繰り返し経験してきた両国の間に四半世紀に及ぶ暫定的平和をもたらしている。

この事例は、ＰＫＯの派遣は当事国の意思に左右されるが、ＰＫＯがいったん派遣されれば、焦点機能あるいはコミットメント機能を発揮して平和の維持に一定の独立的効果を発揮することを示している。本項で整理したふたつの機能は、たとえＰＫＯが成功しているように見えても、それは当事国の停戦維持努力と国連の賢明な派遣地選択に起因するものであり、ＰＫＯという制度自体に平和を維持する独立した効果はないとする批判論を反駁するものとなっている[8]。

加えて、ＰＫＯは停戦維持に貢献することに止まらず、次のふたつの役割を演じることが期待される。第一に、遵守される可能性の低い国際合意であるならば、紛争当事国がそれに同意する可能性は低くなるが、遵守可能性が高ければ、同意する可能性も高くなる。したがって国際社会は、当事国が停戦に合意したならば、ＰＫＯによって合意遵守を支援する用意があることを示して紛争当事国が停戦に合意することを後押しできる。第二に、たとえ維持されるのが戦闘の停止という「暫定的平和」であろうとも、約束事の継続的遵守は、対立する当事国の間で信頼関係を醸成してくれる。信頼は紛争を根本的に解決し、「安定的平和」の樹立に資する平和条約の締結にとって不可欠である。そこで、停戦合意の遵守を支援するＰＫＯを通じて暫定的平和を安定的平和に転換することが期待できる。

3　従来型ＰＫＯの功罪

ところがこれまで、ＰＫＯが平和条約の締結に結びついたケースは数少なく、暫定的と規定されているＰＫＯの多くが駐留の継続を余儀なくされている。この事実は、従来型ＰＫＯは平和と安全の領域で「膠着状態の管理」を行うものであるとする国連事務次官Ｊ・シェリーの言葉を裏付けている（引用はRatner 1995, 10）。暫定的平和の維持は安定的平和の条件であるが、従来型ＰＫＯが当事国間の信頼醸成を促進せず、紛争の根本的解決となる平和条約の締結に貢献できていない点は問題視せざるを得ない。これには多数の原因があるが、その中にＰＫＯに関わるふたつの制度的欠陥がある。

第一に、従来型ＰＫＯは平和条約の締結に向けた具体的交渉手続きを包含していないし、紛争当事国もＰＫＯによって支えられた暫定的平和に甘んじ、持続可能な平和の構築に向けて積極的に取り組もうとしない（Diehl 1993, 92-106）。第二に、従来型ＰＫＯは、停戦合意に参加していない非国家集団の妨害行為を防止する機能を備えていないため、実際にもいくつかの派遣事案で停戦合意は非国家集団の暴力行為によって破綻している（Diehl 1993, 79-85）。一九七八年、レバノンに派遣された国連レバノン暫定隊（ＵＮＩＦＩＬ）は、レバノン南部に北侵したイスラエル軍の撤退を監視することを主な任務としていた。ところが、レバノン政府の統治能力が減退する状況で、ヒズボラを含めたイスラム系テロ組織の武力行動が継続する傍ら、イスラエル軍が黙認する中でキリスト教右派組織によるパレスチナ難民の大量虐殺《ジエノサイド》が発生した。これらの非国家集団は停戦合意に参加していなかったため、ＵＮＩＦＩＬの管理の外に置かれ、治安が悪化する状況でのＵＮＩＦＩＬの任務は非常に困難なものとなった。

レバノンの事例は、従来型ＰＫＯが国家間紛争を想定し、非国家集団の役割を重視してこなかった点に問題があることを示すものであるが、こうした主権国家偏重主義は、従来型ＰＫＯを取り巻く伝統的国際秩序に依拠するものである。すなわち、国家主権と内政不干渉という原則は、国々の選好の中に包含され、従来型ＰＫＯを制約し、その成否を左右してきた。非国家集団の影響力が小さければ、重大な支障は出ないが、大きくなれば、ＰＫＯは必然的に行き詰まる。一九九〇年代に入ると、内戦型紛争が多発し、非国家集団の影響力は多くの紛争地域で顕在化するようになった。一枚岩の国家、国家間紛争、停戦合意を前提とし、五原則に則して停戦合意を維持しようとする従来型ＰＫＯは、変容した紛争形態に対応できないという形骸化の問題に直面することとなった。

2―国連平和維持活動の制度変容

1　多角化するＰＫＯ

新たな紛争の特徴については次章で詳述することにするが、内戦型の紛争に対して平和維持活動を発動してよいのか、発動するならばどのような任務を行うのかなどの制度上の不確実性が露呈し、従来型ＰＫＯは、紛争解決はおろか、戦闘停止という控えめの基準においても有効性を失うことが危惧された。国連安保理首脳会議の要請を受けて、一九九二年、ガリ国連事務総長は『**平和への課題**』を提出し、ポスト冷戦期に多発し始めた新たなかたちの紛争に対応するための予防外交、平和創造、平和構築および平和維持に関する国連の能力を国連憲章の枠組みと規定の範囲内で強化し、より有効にする方法を提案した。

『平和への課題』以降、平和創造に関して見直しが行われたが、それ以外は原案にほぼ沿うかたちで新たな平和活動が実行に移されている。具体的には、政治体制の変更を含む紛争調停を行った活動（マケドニア）、難民支援および難民に対する人権侵害行為を阻止するための安全地帯の確保を行った活動（ボスニア、コソヴォ、東ティモール）、紛争後の社会における治安維持、経済再建、選挙監視を行った活動（ハイチ、東ティモール）などである。カンボジアやニカラグアでは、『平和への課題』が提出される以前に平和構築に類似する活動が行われており、新たなＰＫＯも従来型と同様に、漸進的に形成された制度となっている。

本節では、ＰＫＯの制度変容に関してふたつの実証的制度論の観点から考察することにする。そのひとつの自律的制度論は、国際紛争の性質が変化し、制度の不確実性が拡大していく中で、不確実性を縮小する目的で行われた行政レベルの政策変更の累積結果としてＰＫＯの変容を捉え、もうひとつの自由主義的制度論は、主権と人権に関する国連加盟国の理念の変化に起因する本質的な制度変化と見なすものとなっている。

2　自律的制度

Ｃ・ダースによれば、ＰＫＯは、「**自律的制度**（spontaneous institution）」である（Daas 1999）。一般的に、自律的制度とは、行為者による意識的な設計なしに創発し、履行装置がなくとも持続し、制度改革の計画なしに変化していく自己組織化された複雑なシステムである。[9] こうした一般的な定義に符合するように、PKOもいくつかの紛争に適用されるにつれ、その任務の調節を繰り返し、その結果、制度自体も漸進的に変容してきている。

国連アンゴラ監視団（UNAVEM Ⅰ）は、南アフリカ軍のナミビア、キューバ軍のアンゴラからの同時撤退を監視する任務を行ったが、それを引き継いだ国連ナミビア独立支援グループ（UNTAG）は、従来型任務の他に、長期間にわたる戦闘で破壊されたナミビア社会の回復のために治安維持、難民帰還の支援、制憲議会選挙の監視という新たな活動を行うようになった。国連中米監視団（ONUCA）も、ゲリラ集団への支援を禁じる国家間合意を監視するために中米に派遣されたが、この任務をより完全なかたちで遂行するため、ニカラグアにおけるゲリラ集団の非動員化と公正な選挙の支援という任務が中米和平に関わるものとして国連ニカラグア選挙監視団（ONUVEN）に託された。これが契機となってPKOの選挙監視任務が一般化するようになり、とりわけ国連カンボジア暫定機構（UNTAC）では、選挙の準備・実施以外にも、武装解除の監視、文民行政の管理、治安維持、難民帰還や戦闘員の社会復帰の支援など、信託統治に類似したきわめて多岐に渡る活動が行われた。

最も画期的な変化は、PKOが国連憲章第七章で規定されている平和執行の領域にも拡大されるようになってきたところに見受けられる。具体的には、ボスニアの内戦に対処するために国連保護隊（UNPROFOR）が難民帰還の支援を任務として派遣されたが、状況の悪化を受けて国連は、重大な人道的危機の存在を確認し、平和執行の一環として安全地帯の確保を保護隊の任務に加えた。同様に国連は、ソマリアの内戦に対し、停戦の監視を任務とした第一次国連ソマリア活動（UNOSOM Ⅰ）を派遣したが、受け入れに同意したはずの関係集団がPKO部隊を攻撃する事態が発生してしまった。事態が悪化する中で国連は、ソマリアの内戦を国際の平和と安全に対する脅威と認識し、平和執行を任務とした第二次国連ソマリア活動（UNOSOM Ⅱ）を派遣したが、PKO隊員を殺害した部族集団との武力抗争に巻き込まれてしまい、平和の回復を遂げることなく、期限切れにより撤退を余儀なくされた。

冷戦後の世界では、新たな形態の紛争が多発する中でPKOへの期待が増加する一方、PKOの任務に関する不確実性領域が拡大し、任務を遂行するためには基本原則から部分的にも逸脱してPKOの強化を図ることが必要となった。こうした平和維持活動の変容は、活動に関わってきた幾多の行為者によるミクロ・レベルの行政的決定が累積した結果として生じたため、マクロ・レベルで全体の変化を特定の意識構造に結び付けて説明することは困難となっている。しかしながら、任務の調節を繰り返して出来上がった新世代のPKOは、平和の維持という本来の目的を達成するための自己組織化された複雑なシステムに進化している。

3　自由主義的制度

自律的制度論に対する代替理論のひとつとして、PKOの変革は単に紛争形態の変化に順応した運用面の変化ではなく、活動を司る基本理念が保守主義から自由主義へと刷新されたことによる根本的な転換であるとする自由主義的制度論がある。この命題に符合するように、S・ラトナーは、PKOの制度変革は「暫定的平和から恒久的平和へ、軍事的な任務から政治的な任務へ」と活動目的を転換した帰結であると論じ（Ratner 1995, 17）、M・ドイルもPKOの制度変革を目的自体の変化として捉え、その目的変化の根源は、人権に関する国連加盟国の共有認識の変化にあると論じている（Doyle 1998, 3）。

従来型PKOは、当事国に統治能力があることを前提とし、五原則に則しながら当事国によって締結された停戦合意の監視・管理という限定的任務を遂行するものであった。ところが、統治能力が減退した**破綻国家**（failed state）に対しても五原則に制約されてPKOを行えば、むしろ人権侵害を恒常化してしまう恐れがある（Ignatieff 2003b）。こうした事態は、ナミビア、ニカラグア、カンボジア、ボスニア、ソマリア、コソヴォ、東ティモールなどで顕在化し、人権の回復には、武力の行使を止めさせる平和執行、難民の帰還支援や安全地帯の確保、公正な選挙の支援、行政支援、治安維持が要請された。これらの新たな活動は、行政的決定が招いた基本原則からの部分的逸脱という程度のものでなく、人権規範に強く動機づけられた国連加盟国によってPKOの理念が根本的に見直された結果として執り行われてきていると考えたほうが妥当である。

国連PKOを含むあらゆる国際制度は、締約国の共有価値をその上位規範として包摂する。この観点からすれば、共有価値と制度の整合性が制度の正当性と実効性を担保する。反対に、制度と共有価値のズレの拡大を放置することは、その制度の正当性と実効性を破壊することにつながる。ゆえに、共有価値が大きく推移したならば、それに応じて制度を変革することが、制度を維持するうえで適切であり、要請される（Franck 2003）。したがって、人権を第一義的な価値と見なす国連加盟国が増加するにつれ、五原則の抜本的な見直しを図り、人権侵害を容認している当事者の権限を一方的に減じて、人権を擁護する平和支援活動を行うことが適切であると判断されるようになってきたのである（Teson 2003 ; Ignatieff 2003b）。

3—新世代の国連平和維持活動と伝統的国際秩序

以上、国連ＰＫＯの変容を説明するふたつの仮説を紹介した。実践の累積または共有価値の変化に応じて制度変容が可能になった背景には、ＰＫＯに関する規定が厳格に成文化されていなかった内実があった（Stromseth 2003）。ＰＫＯは、比較的緩やかに規定されていた制度であったからこそ、理念と実践の間を反復しながら、制度の効力をなくす形骸化の問題に対処することができた。すなわち、環境が変化する中で国際制度が持続的に効力を発揮してゆくには、理念変容、実践、柔軟性という、程々に非制度的な要素が必要であったのである。

ＰＫＯの制度変革を解明した両理論は、制度変革がＰＫＯの形骸化を回避する試みである点では一致するが、制度変革とＰＫＯを取り巻く国際秩序の関係については見解を異にする。一方で、自由主義的制度論は、国々の共通認識が変容し、伝統的国際秩序自体が自由主義へと転換していると見なすため、抜本的な制度変革を遂げているＰＫＯが自由主義的国際秩序と競合することはなく、むしろ自由主義的秩序の一制度として作用していくと推論する。他方、自律的制度論では、国際秩序自体の変化が想定されていないため、政策的不確実性の解消を目的に制度変革を遂げたＰＫＯであろうとも、伝統的国際秩序の制約を受けて行わざるを得ないことが懸念される。

新世代とされるＰＫＯ任務のいくつかが自由主義的価値に立脚しているという自由主義的制度論の見解は妥当であるが、国連自体が自由主義を標榜した国際機関に変容したとは現時点のところ断言できない。国連が伝統的国際秩序に依拠した普遍的国際制度である限り、内政不干渉原則または国連の能力や資源と符合しない新たな任務をＰＫＯの枠組みで遂行するには本質的な問題がある。そうした活動が紛争の防止・抑制に不可欠ならば、国連以外の地域機関に委任《マンデート》せざるを得なくなる。実際に、平和執行や安全の確保に関わる任務は、北大西洋条約機構（ＮＡＴＯ）、選挙や文民警察の支援は欧州安全保障協力機構（ＯＳＣＥ）、大規模行政支援は欧州連合（ＥＵ）などの、自由主義諸国を加盟国とし、豊富な資源を有する地域機関に委任される傾向にある。その結果として、新世代のＰＫＯは分権化していくことになるが、強力な地域機関が存在しないところでは、適切なＰＫＯが行われなくなるという、ＰＫＯの地理的非対称性が現実のものとなろうとしている。

第6章 国際的仲介

国家は、自国の利益、権利、価値を国家の任務として追求するものである。国家の政治指導者は、国益と異なる私的な利益、個人的名声や権威、政権の維持、準国家的な特定民族や財界の利益を対外政策を操作して追求することもある。いずれにしろ国際関係の基本的行為主体としての国家は、他国の利益や権利を犠牲にしても自国の利益を優先して行動しようとする。他国の利益を優先して行動する利他的な国家というものはそもそも存在しない。したがって、利己的国家の間にほぼ必然的に**紛争**（dispute）は発生する。

紛争を戦争に激化させることなく平穏に解決するには、当事国が協議を通じて一定の利益、権利、価値の配分に合意することが必要となる。すべての紛争が戦争または武力行使につながるわけではないが、本章で検討する諸要因が紛争に介在すると、紛争は激化しやすくなり、当事者による交渉だけでは紛争解決もしくは管理が困難になる。ここに第三者が紛争に関与して紛争の平和的解決を支援する必要性が生じる。

第三者による紛争への関与は、一定のルールまたは法に基づいて行われるのが公平性の観点から望ましい。こうしたルールや法を基にした第三者の紛争解決は「**仲裁**（arbitration)」であり、一般的に裁判の形態を採る。しかし、現代国際法の下で国際紛争の仲裁を任務としている**国際司法裁判所**（**ICJ**）は、紛争当事国の同意なしでも仲裁を行えるという強制的管轄権を持たない司法機関である。この強制管轄権の欠如は、ICJの実効性に重大な問題を与えている。[1] 一方の当事国が仲裁裁判で敗訴の可能性が高いと予測すれば、様々な理由を挙げて仲裁を受け入れないし、たとえICJが当事国の抗弁を却下して裁定を下したとしても、敗訴を言い渡された当事国が裁定を履行するとは限らない。仲裁は、違法行為を国際社会に知らしめ、違反国を国際的批判の矢面に立たせるという顕示的効果があるものの、紛争解決という実質的なレベルでは重大な限界がある。

仲裁に対して**仲介**（mediation）は、非法的な紛争管理の方法である。仲介は、基本的に国際法に制約されず、紛争当事国の同意を尊重しながら柔軟に紛争を管理できるというところに特徴を持つ。となれば法的根拠に欠ける仲介の正当性が問題となるが、仲介者が当事国に合意を強要せず、当事国が合意を自発的に受け入れたという事実において、仲介の正当性は確保できる。

そこで本章では、仲介に焦点を当て、第三者が軍事的な強制あるいは拘束力ある司法的権威を用いないで、紛争の平和的管理に貢献する過程を解明する。適切な仲介戦略は紛争の特性に左右されるところに着眼し、紛争多発地域である中東における仲介作業を事例にしながら仲介奏功の内実に迫る。効果的な仲介戦略とはいかなるものか、仲介者は必ず中立でなければならないか、内戦に対しては、当事者の同意を尊重しながら行われる仲介は目的を達成できるだろうかなどが本章の課題となる。

1―仲介の定義と機能②

J・バーコヴィッチとA・ヒューストンの定義によれば、仲介とは、「第三者としての個人、集団、国家、または非政府組織が、武力や法的権威に依存せず、紛争当事者の認識や行動を変化させて紛争を管理する過程」である（Bercovitch and Houston 2000, 171）。このように定義される仲介では、紛争当事者の意思と利益が尊重され、仲介者の提案や忠告は法的拘束力を持たず（Merrills 1998, 27）、当事者の意思に反して仲介者が権力を行使することもない。ゆえに、これらの要件を満たす仲介は、主導権を維持しながら紛争の平和的管理を望む当事者にも受け入れ可能な手続きとなる。

繰り返すが、本章では、紛争の管理に焦点を当てる。これと対照的な、紛争の解決とは、紛争の根本的原因を排除することに関する当事者間の合意が自発的かつ恒久的であり、予測される将来、合意内容について再交渉の必要性が全くない状態を指す③。これに対して紛争の管理とは、紛争の原因が解決されるには至らないが、その激化を防ぐための暫定的合意とその実施を意味し、再交渉の可能性を包含するものである。そこで本章は、紛争管理を現実的な紛争処理の形態と捉え、紛争管理法としての仲介の過程と実効性について考察する。

前章で考察した平和維持活動は、国連憲章に明示的規定がない慣習法的制度であった一方、平和維持活動の実行主体はほぼ国連に限られてきた。これに対して仲介は、国連憲章第三三条で規定されている紛争解決手続き——交渉、審査、仲介、調停、仲裁裁判、司法的解決——のひとつであるが、実際の仲介の主体は、国連に限られず、欧州安全保障協力機構（OSCE）、米州機構（OAS）、アフリカ連合（AU）などの地域機関、大国または国際的影響力を持たない小国である場合もある。実際に、仲介は、予防外交の重要手続きとして、国連および地域機関の重要な紛争管理制度となっている（Bercovitch 2002; Darby and MacGinty 2003a; 納家 二〇〇三）。

一般的に、紛争は、利益、権利、義務などの価値がどのように配分されるべきかをめぐって複数の集団が対立する「**取引問題**（bargaining problem）」が悪化した帰結であると言える（Schelling 1966, 1-18）。既述したように、主権国家体系で生じる国家間の取引問題に仲裁裁判が適用されることは稀であり、通常、各当事国が交渉を通じて納得できる配分を規定した和解案に合意することで紛争の管理が図られる。しかし、J・フェアロンによれば、取引問題に次のような状態が生じるとき、平穏な管理は困難になり、武力によって取引問題が処理される蓋然性は高まる（Fearon 1995）。

(1) 各当事者が相手の意図、能力、決意について十分な情報を持たない状態（**情報不確実性**）

(2) 取引問題に分割不可能な価値が含まれ、当事者が合意できる範囲（合意範囲）が空《くう》である状態（**分割不可能性**）[4]

(3) 合意された和解案を履行する決意（コミットメント）が当事者に不足していたり、和解案に有効な履行装置が備わっていなかったりする場合（**約束不履行**）

これらの状態が紛争を激化させる過程については次節で詳述するが，仲介を効果的に行うには取引問題を複雑化させる三つの状態を制御することが必須となるという観点から，以下では三つの状態に対応する仲介の具体的機能を導出する。

S・トゥヴァルとI・ザートマンによれば，仲介の機能とは，関与の程度が低いものから順に，(1)**伝達**（communication），(2)**形成**（formulation），(3)**操作**（manipulation）である（Touval and Zartman 1985, 10-12）。これらの役割がそれぞれ既述した三つの激化要因に対応するのは決して偶然でない。第一の「伝達」は，仲介者が当事者間の情報交換を活性化することによって当事者間の和解交渉を結実させる情報機能であり，障害となっている情報不確実性を克服するものとなっている。第二の「形成」は，難航している当事者間交渉に仲介者が関与し，争点を再定義したり和解案を提示したりして合意範囲の創造を促進する交渉機能であり，分割不可能性問題に対処する手続きを提供する。第三の「操作」は，仲介者が積極的に紛争に関与し，自らの権力や資源を投入することによって，当事者の相互不信を解消しながら約束不履行問題を縮小するものである。

実際の紛争においては三つの激化要因が混在するため，仲介者は状況に応じて三つの方策を適切な配分で統合しなければならない。次節では，情報不確実性，分割不可能性，約束不履行という問題に対して仲介者が果たす役割について考察するが，混乱を避けるために問題ごとに個別に検討する。

2―仲介の諸戦略

1　情報不確実性問題と伝達的仲介

前節では、紛争を激化させる原因のひとつとして、紛争に関する重要な情報が、対立する当事者の間で十分に共有されていないことを挙げた。ここで言う情報とは、当事者は何を求めているのか、どこまでならば譲歩できるか、目的の実現に対してどの程度の決意を持っているか、どの程度の軍事力を動員する用意があるかなどについての情報である。もし各当事者が相手に関する完全な情報を持っているならば、他の紛争激化要因を一定にした場合（合意範囲が空でなく合意が履行可能である場合）、紛争を平穏に管理することは理論的に可能である。しかし、競合している当事者が自発的に正確な情報を開示することはきわめて稀である。なぜならば、情報は交渉上の武器であり、自己に有利な合意を求める各当事者は、情報を隠匿・歪曲し、実際よりも強い決意や大きな動員力を持っていることを顕示して、相手から譲歩を引き出そうとするからである（第3章参照）。この点で伝達的仲介者は、当事者間の情報不確実性の解消および歪曲化された情報の是正に努めることを任務とする。

T・プリンセンは、交渉の情報問題に対して第三者が仲介を行うことの利点を次のように論じている（Princen 1992, 26）。当事者は、高い緊張感や武力抗争の蓋然性の中で行動しているため、錯綜する情報を適切に処理できないでいる。これに対して、仲介者は、対立の外に身を置いているため、客観的な立場から情報を収集し、冷静に情報分析を行って当事者の情報処理を支援することができる。プリンセンが指摘する仲介の情報機能で最も大切なことは、情報の正確性を担保する仲介者の中立性である（Princen 1992, 8）。中立的立場を採る仲介者は、当該紛争について私的な政治目的を持たない一方、収集した情報に対して客観的分析を施すことができる立場にあり、当事者の正しい認識を歪めず、間違った認識を是正してくれる。当事者は、中立的な仲介者によって伝達された情報が正確であると判断できるならば、それを基に交渉を結実させることができよう。それでは第三者は、いかに中立性を確立しながら伝達的仲介を成功させることができるだろうか。その答えは、実例から見出すことができる。

一九九三年九月、米国首都ワシントンでイスラエルのラビン首相とパレスチナ解放機構（ＰＬＯ）のアラファト議長によって暫定自治原則合意、いわゆるオスロ合意が調印されたが、この合意の締結に対して、パレスチナ問題に利害を持たない北欧の小国ノルウェーが効果的な伝達的仲介を行ったとされる[5]。長年にわたり対立してきたイスラエルとパレスチナが、第三者の仲介なしで直接的に対話を行うことはほぼ不可能であった。とりわけイスラエルでは、国民がＰＬＯの関係者と接触することさえ法律で禁じられていた。九一年の湾岸戦争後、和解の好機を見出した米国クリントン政権は仲介に乗り出し、公式の和解交渉（**第一トラック**）がワシントンで開始されたが、交渉は遅々として進展しなかった。他方、ノルウェー政府が支援する非公式交渉（**第二トラック**）が、英国とノルウェーで同国のホルスト外相と応用社会科学研究所（ＦＡＦＯ）のラーソン所長を仲介者として、イスラエル労働党のベイリン副外相と親交があったハーシュフェルド教授らとアラファト議長の側近のアブ・アバスＰＬＯ国際関係省長官から指示を得ていたアブ・アラPLO財務相の間で行われた。非公式交渉は秘匿されながらFAFOのセミナーなどを利用して行われ、その交渉結果は公式交渉の議題に加えられた。

ホルストとラーソンの両氏は、交渉フォーラムの設定や争点整理を具体的任務とした一方、交渉の主導権を当事者に与え、交渉に深く関与することを避けながら当事者間の対話を促進することに徹したとされる。さらに、和解を妨害しようとする集団から交渉団を遮断し、外部から歪曲された情報が交渉過程に入り込むことを阻止した。交渉が暗礁に乗り上げた際も、PLOの本部があったチュニジアとイスラエルの首都エルサレムを訪れて、相手側には真摯に交渉する準備があると伝えて決裂を食い止め、交渉回路の維持を図った。伝達的仲介者としてのノルウェーの信用が築かれた後、ホルスト外相が死去する直前まで形成的仲介（次項参照）の役割を精力的に果たした結果、一九九三年、両者の間で相互承認、ガザとヨルダン川西岸からのイスラエルの撤退、両地区におけるパレスチナ暫定自治区の構築、平和条約の交渉などを含んだオスロ合意が取り交わされ、調印に至った。

中立性が伝達的仲介の成功の鍵を握るという見解は至極当然のように思えるが、A・キッドによれば、必ずしもそうではない（Kydd 2003）。当事者が、仲介者も何らかの思惑を持った行為者であると見なすと、仲介者と当事者の関係は一転し、紛争は仲介者を加えた三つ巴《どもえ》の様相を呈するようになる。たとえば、自らを中立であると考える仲介者が、一方の当事者（A）が和平を望んでいると認識し、この情報をもう一方の当事者（B）に伝達したとしても、Bは、仲介者は紛争の平和的管理を望んでいるあまりAに関して嘘を伝えていると勘繰り、交渉に積極的に取り組もうとしないかもしれない。反対に、仲介者が中立でなく、むしろBに友好的な（その当事者に近い選好を有する）人物であり、Bもそれを知っているならば、Bは仲介者が親身になって正確な情報提供を行ってくれているものと信じてAとの交渉に積極的に取り組む可能性が出てくる。さらに、非中立的な第三者は、中立的第三者に比べ紛争管理により強い関心を抱くため、負担の大きい仲介に乗り出す可能性も高まる。

これに証左を与える事例として、テヘラン米大使館占拠事件（一九七九〜一九八〇年）で演じたアルジェリア政府の仲介が挙げられる。[6] 事件は、一九七九年、イスラム教シーア派の最高指導者ホメイニ師がイランに帰還し、イスラム革命を扇動したことを受けて、ホメイニ師に共鳴した学生集団が首都テヘランの米国大使館を占拠したことに始まった。大使館員を捕虜とした学生達は、米国政府に対して、(1)亡命したパーレヴィ国王の引き渡し、(2)一九五三年に民主的に選出されたモサデク首相をクーデタによって失脚させた事件の謝罪、(3)イラン内政への軍事的・政治的不介入の約束、(4)イラン資産凍結の解除、(5)訴追免除を要求した。学生集団を代弁するイラン議会は、米国を「悪魔」と敵視して直接交渉を拒否したが、交渉の窓口としてアルジェリア政府を指名した。アルジェリアは、早々とイランのイスラム革命を支持し、イランと良好な関係を維持していた数少ないイスラム国家のひとつであった。米カーター政権は、人質救出作戦を決行したが失敗し、ヴェトナム戦争時の捕虜交換などを通じて親交があったアルジェリア政府を仲介役として事件に対処することを受け入れた。

人質事件には裏の政治目的があったとされ、それは欧米寄りと批判されていたイランのバザルガン首相の失脚であった。同首相の辞任と国王の死去によって交渉の難問は解消されたが、イランが過去の清算に固執したため、交渉は引き続き難航した。アルジェリア外交団は、米国に対しては、「悪魔」への譲歩を拒否するイランに配慮して受諾可能な要求を明示するように求め、イランに対しては、歴史的遺恨から直近の問題に焦点を絞り、米国が受諾できない要求（クーデタ事件の謝罪、身代金の支払い）の撤回を要請した。すなわち、アルジェリアの交渉戦略は、直接交渉が困難な両者の面目を立てながら、一方が受け入れられる条件を整理して他方に伝えるという伝達的仲介であったと同時に、大使館占拠という国際法上の違法行為に対して、非法的な手続きによって終止符を打とうとするものであった。仲介が成功し、事件は、一九八一年一月、アルジェリア政府が「アルジェリア合意」を宣言し、それを両国が支持する形で終結し、五二人の人質は無事解放された。

ふたつの事例は、小国が伝達的仲介に徹して紛争の平和的管理を支援した点で共通している。プリンセンの仲介論は、仲介者が紛争の平和的管理以外に政治的利益を持たない崇高な倫理観を持った中立的な行為者であることを前提とした。これに対して、キッドの仲介論は、中立性を前提とせず、情報伝達の方法を工夫することによって、中立性が欠如している仲介者にも成功の機会があることを示した。どちらの仲介論が経験的に妥当なのかは問題でなく、むしろ、仲介者が自らの立場を考慮し、適切な情報機能を果たす手段を見出す際にふたつの理論は有用となる。

2　分割不可能性問題と形成的仲介

たとえ情報問題が克服できたとしても、どちらか一方または両方の当事者が対立の対象となっている価値を分割不可能であると見なすと、対立はゼロサム化し、仲介者がどのような分割案を提示しようとも、当事者は受け入れようとしない。こうした紛争を管理するには合意範囲の創造が必須となるが、それには次のふたつの概念アプローチが有用となる。

①リンケージ　分割不可能な交渉問題には合意範囲が存在しないことから、対立の争点となっている価値に、新たに別個の価値（交渉軸）を接合することによって、交渉空間を拡大し、当事者に対して複数の交渉軸を挟んで妥協を交換するように促すことが効果的である。こうした問題解決法は、「リンケージ（linkage）」として知られている（Pruitt 2002; Raiffa 1982）。リンケージが奏功した事例として、紛糾するイスラエル・アラブ関係において、これまで唯一安定的紛争管理に成功した、イスラエルとエジプトの和平がしばしば挙げられる。一九七三年、エジプトとシリアの奇襲で始まった第四次中東戦争で、卓越した軍事力を有したイスラエルは、奇襲を排し、シナイ半島のほぼすべてを掌握することに成功した。イスラエルにしてみれば、シナイ半島は、中東で最大の陸軍を持つエジプトとの間に緩衝地帯を与えてくれる地政学的に重要な拠点であった。これに対し、領土を奪われたエジプトにしてみれば、イスラエルの行為は不当な占領であり、シナイ半島からのイスラエル軍の完全撤退と領土返還以外にこの問題の解決はあり得なかった。

シナイ半島をめぐる両国の対立は合意範囲が全く存在しない取引問題のように思われたが、仲介役を果たした米国キッシンジャー国務長官はリンケージと呼ぶに相応しい和解案を両国に提示した。それは、イスラエルに対してシナイ半島からの完全な軍事撤退と領土返還を求める一方、イスラエルの安全を保障する方策として、エジプトに対してシナイ半島に兵力を配備せず、非武装地帯に指定することを求めるものであった。すなわち、この和解案は、領有権という軸でイスラエルの譲歩を取り付ける傍ら、安全保障という軸でエジプトの譲歩を求めたリンケージであった。結果的に、両国ともキッシンジャーの和解案を受け入れ、停戦監視を任務とした第二次国連緊急隊（UNEF Ⅱ）の配備を含んだ停戦合意が成立した。

②再概念化　紛争当事者は、対立の争点となっている価値に対して特定の基準を用いて自己の利益を認識している。当事者が固執している価値基準では互いの利益は対立するが、別の基準で利益を再認識すると合意範囲を創造できる場合がある。形成的仲介の第二の概念アプローチは、合意範囲を形成可能にする代替的な価値基準を発見し、当事者に利益認識の見直しを要請して和解を促進するという争点の「再構築」、または「**再概念化**（reconceptualization）」である（Pruitt 2002, 43-44）。

一九七九年、イスラム革命を果たしたシーア派国家イランは、世俗的なバース党が支配する隣国イラクやその他のスンニ派アラブ国家への革命の輸出を企図し、湾岸地域の重大な脅威となっていた。一九八〇年、アラブ世界で主導的立場を確保しようとしたイラクのフセイン政権は、ペルシャ湾に面した戦略的拠点、シャット・アル・アラブとクーゼスタン州などの領有権の奪回を名目としてイランに侵攻した。これを機に、両国は八年間という、近代戦争としてはきわめて長期間に及ぶイラン・イラク戦争に突入していった。戦争勃発を受けて国連は、即時の停戦を両国に要請したが、イラクの撤退を直接的に要求しなかったため、イランにイラク寄りと見なされてしまった。ワルトハイム国連事務総長は、パルメ前スウェーデン首相を特使に任命して仲介を図ったが、パルメ特使が実質的な仲介作業に着手できる状況でなく、情報収集に専念することが精一杯であった。

八二年に就任したデクエヤル事務総長は、国連の紛争仲介機能の強化に積極的姿勢を採り、八五年、八項目からなる停戦のための提案を両国に提示した。これが、二国間交渉の枠組みとなり、八七年、安全保障理事会によって採択された決議五九八の骨格ともなった（Hume 1992, 176-177）。決議五九八は、和解に向けた⑴停戦、⑵国連による停戦監視の受け入れ、⑶戦争捕虜の交換、⑷国連事務総長の仲介協議への協力などを両国に要請した。イラクは、イラン側の受諾を条件に決議に同意する意向を表明したが、イランは、イラクの戦争責任を明示し、戦争賠償が受諾の条件であることを強く主張した（Hume 1992, 181）。こうした両国の頑《かたく》なな姿勢の前に、事務総長によるシャトル外交も奏功せず、安保理も決議を受諾しない両国に対して経済制裁を科すことを敬遠したため、交渉は行き詰まった。他方、消耗戦となっていた戦況は、人海作戦によるイラン軍の優勢から、化学兵器や他の近代兵器を投入したイラク軍の攻勢に転じていた。この戦況悪化を憂慮したイランのカメイニ首相は、勝利の不可能性を自覚し、最高指導者ホメイニ師に対して国連決議の受諾を進言し、ホメイニ師は苦渋の決断としてこれに応じた。ここに双方に重大な戦禍をもたらしたイラン・イラク戦争は、八年目にしてようやく終結することになった。国連の仲介は、イラクに勝つか負けるかのどちらかしかないと考えていたイラン政府に対して、事態を戦前の状態に戻す停戦の比較優位を示すことになった。この意味で国連は、イランの利益認識の見直しを図る再概念化によって、イランを停戦に同意させることに成功したと言える。

以上、分割不可能な争点を孕んでいる紛争を管理するアプローチとして、リンケージおよび再概念化が効果的であることを示した。しかしながら、これらのアプローチによって達成された合意であっても、時間の経過とともに再交渉の圧力に曝され不安定化する恐れがある。たとえば、リンケージによって複数の対立軸を統合し、当事者の間で妥協を交換させ、合意を成立させても、どちらか一方の当事者がさらに新たな対立軸を持ち出すと、合意は見直しを迫られる。同様に、再概念化によって当事者の利益認識を変え、合意を成立させても、状況の変化または新政権の誕生などによって当事者の認識が元に戻れば、合意はご破算となる。次項では、この問題を採り上げ、合意を信頼可能なものにする方策について考える。

3　約束不履行問題と操作的仲介

制御しなければならない最後の問題は、停戦合意や和平合意などの当事者間の約束に関する不履行をどのように防ぐのかである。紛争の平和的管理と合意の履行は別問題であると思われるかもしれないが、決してそうではない。履行される可能性の低い合意を受け入れることはそもそも無意味であるから、履行保証のない合意は当事者によって受諾されない。ゆえに、紛争の平和的管理を目指す仲介者は、合意の履行を確保する方途を予め準備しておかなければならない。しかし、紛争を繰り返してきた当事者にとって合意を遵守し続けることは難しいため、第5章で検討したように、第三者が合意履行を支援する平和維持活動を供与することが必要となる。本章で概観した仲介事例においても平和維持活動の配備が含まれており、第四次中東戦争停戦協定にはUNEFⅡ、イラン・イラク停戦協定には国連イラン・イラク軍事監視団（UNIIMOG）が停戦合意後、派遣された。

以上、仲介の論理と戦略について考察してきた。本節で採り上げた中東の仲介事例のうち、イスラエル・エジプト以外のものはすべて紛争の再発を経験している。これは、仲介が紛争管理に止まるものであることを改めて浮き彫りにしている。だからといって、仲介を放棄することは、紛争の根本的解決に重大な障害があることを勘案すると、決して適切でない。他方、本節の事例は、こうした苦悩を背負う仲介者が、立場や権力に関係なく、創造性、柔軟性、迅速性を発揮して伝達、形成、操作という役割を演じながら、紛争の平和的管理を支援することができることを示した。次節では、冷戦後の新たな形の国際紛争を管理するには、仲介者が自らの影響力を行使することがより強く要請され、その結果、仲介の本質が変化しようとしていることを示す。

3—新たな紛争と取引問題の複雑化

二〇世紀後半から二一世紀初頭にかけて、民族対立を含んだ内戦が世界各地で発生しているが、自力救済原則の下で内戦型紛争の平和的管理はきわめて困難となっている。(7) その原因は、対立を激化させる情報不確実性、分割不可能性、約束不履行の諸問題の一層の複雑化にあると考えられる。これらの問題は、次のように説明できる。

①情報不確実性問題　内戦発生の前段階として、経済政策の失敗、国際援助の停止、近隣の国際紛争、自然災害などによって国家の統治能力が著しく低下する状況がほぼ必ず見受けられる。こうした国家の破綻が表面化して、人々の安全や財産が保障されなくなれば、人々は国家に代わる民族または宗派集団という準国家的集団に安全と財産の保障を求めるようになる。民族的**帰属意識**《アイデンティティ》が国家的帰属意識を凌駕するようになれば、人間関係は民族集団によって仕切られ、社会の分極化が進む。分極化から必ずしも武力抗争は発生しないが、急進的な指導者による情報操作や民衆の扇動が分極化した社会を暴力へと駆り立てる。新国家の建設または現行国家の再建を企てる民族集団の指導者は、自己の脆弱な政治基盤の強化・拡大を図りながら、マスメディアの情報を操作して民族意識を高揚し、競合する民族集団の異質性や邪悪性を誇張してその指導者を失脚させようとする（de Figueiredo and Weingast 1999; Snyder 2000, 36-39, 45-91; Brubaker and Laitin 1998; 月村 二〇〇六）。権力を拡大したい政治指導者と安心感を得たい民衆のニーズが歩調を合わせながら分極化が進む傍ら、指導者によって作り上げられた憎悪や恐怖は、民族主義的な知識人やジャーナリストによって煽られて民衆の間に浸透していき、暴力への究極的引き金を引く。民族が必ず集団暴力の基盤となるわけではない。民族のように凝集性の高い集団では情報操作や民衆の行動調整が比較的容易であるため、集団暴力が発生する恐れが大きいことがその深層にある。

この構図は、最も凄惨な内戦が生じた旧ユーゴスラヴィアに見られる。ユーゴスラヴィアの解体に伴って独立を果たしたクロアチア共和国において、旧ユーゴでは多数派に属していた（クライナ・）セルビア人は少数派に転じることとなった。民族指導者バビッチは、セルビア人の団結を強化し、同共和国からの分離独立を果たそうと、ユーゴ解体と同時に分化・民族化したマスメディアを利用して、第二次大戦前、クロアチア人民族主義組織ウスタシャがナチス・ドイツと共謀し、セルビア人を大量虐待した過去を民衆の心に蘇らせた。その一方、クロアチア共和国の一体性を守ろうとしたトゥジマン大統領も、ナチスによるユダヤ人虐殺やウスタシャの蛮行を公然と正当化し、セルビア人抵抗組織チェトニックによるクロアチア人迫害を批判した。両者による民族主義的情報合戦の結果、旧ユーゴで平穏に共存していた両民族は、互いに憎しみ合うようになり、破滅的な内戦へと追いやられてしまった（Snyder 2000, 204-220）。

②分割不可能性問題　多数民族が主導権を握って統治する国家から少数民族が分離独立して新国家を建設することになると、新国家での民族間権力関係は一転する。旧国家で少数派であった集団は、自らが統治の主導権を持てる新国家で政治的権限を拡大しようとする。とりわけ、旧政権時代に多数派によって迫害されていたという体験が人々の脳裏に鮮明に焼き付いている場合、旧多数派の政治的影響力をできる限り縮小しようとする。これに対し新少数派は、多数派であった旧国家での既得権益を維持しようとする。ゆえに、双方の期待は一国家の枠組みに収まらず、対立は分割不可能性の様相を呈してくる。

分割不可能性問題は、高揚した民族意識の下で一層複雑化する。人々の民族への帰属意識が高まれば、統治、領土、財産、資源などという物理的価値に関する紛争は、言語、宗教、文化、教育などという認識的価値をめぐる争いを包含するようになる。物質的価値を分割したり、補償したりすることは比較的容易だが、認識的価値を分割・補償することはより一層困難になる（Toft 2003）。

国家同士の紛争と同様、内戦の分割不可能性問題も解決不能というわけではない。競合する民族集団が争点を再概念化し、複数の争点を利用して妥協を交換すれば（たとえば、独立の放棄と自治の拡大あるいは財政的分配の増額の交換）、紛争を誘発する分離独立を回避して同一国家の枠組みの中で和解することは論理的に可能である。重要なポイントは、当事者だけで複雑な和解交渉を結実させることは困難であり、内戦の平和的管理には、第三者による創造的仲介がより強く要請されるということである（Doyle and Sambanis 2006, 47-48）。

③約束不履行問題　②では、新国家における権限や利益の配分をめぐる多数派と少数派の争いを分割不可能性問題として捉えたが、これを、配分を一定枠内に留めておける約束ができない問題であると解すると、約束不履行問題として再定義することができる（Fearon 1998b；石田 二〇〇四）。分離独立などの政治変動を経て建設された新国家は、社会集団の相対的規模の変化に応じて政治経済制度を調節するという困難な変革を行わなければならない。とりわけ、政府閣僚ポスト、議会の議席、政府財政支出、公的機関への就業、天然資源の採取などに関わる集団間の配分比率の変更には重大な対立が潜む。こうした権利や利益に関わる民族間の約束事は、「**民族的契約**」と定義できる（Lake and Rothchild 1998, 13-14）。民族的契約の履行を保証する強固な民族間制度が存在するならば、契約を覆す勢力は表面化しない。旧ユーゴではチトー大統領率いる共産党が各民族集団に目配りしながら配分を決め、強制と抑圧によって民族的契約を履行していたため、民族間武力紛争はほとんど生じなかった（Weingast 1998）。

ところが、新国家は、必然的に民族的契約を更新しなければならず、新たな契約の締結と履行をめぐって重大な不確実性と対立を経験することになる。旧ユーゴから分離独立した新国家クロアチア共和国では、旧国家の少数派のクロアチア人が新国家で多数派、旧多数派のセルビア人が新少数派となったが、権利の保障が法的に徹底していない新国家において勢力を増している前者が、後者の権利や利益を保障するという約束を交わすことは困難であった。とくに、クロアチア人が新国家の議会の意思決定制度を旧ユーゴ時代の特定多数決制から少数民族に不利な単純多数決制に切り替え、警察を含めた公的機関への就業に関する民族配分枠を撤廃したことは、セルビア人に権利の侵害と見なされ、クロアチア領域内に新独立国家を建設することを決意させてしまった。これが契機となって、クロアチアは、四年間に及ぶ内戦に突入していった。

また、非武装化・動員解除に関わる政府と非政府集団の約束も不履行問題に発展しやすい（Walter 2002, 89-90, 103-104 ; de Figueiredo and Weingast 1999）。国家同士が停戦合意を締結する場合であれば、これによって一方または両方の国家が非武装化を求められることはない。たとえ停戦合意に応じたとしても、両国家は相当程度の軍事力を維持し、相手が停戦合意に違反して戦闘を再開しても、それに対する自衛手段を継続して保持できる。ところが、内戦という性質上、対立する集団の間で和平合意を結ぶということは、分離独立がそれに盛り込まれていない限り、反政府集団の非武装化を意味する。こうした非対称の合意には重大な約束不履行の問題が潜む。政府は和平合意に従って非武装化しつつある反政府勢力を攻撃し、その権力をさらに一層弱めることによって、一度結んだ合意をさらに有利なものに再交渉しようとする誘惑を払拭することができない。すなわち、政府は和平合意の履行にコミットできない。翻って反政府集団も、たとえ政府が和平合意に本当にコミットしていたとしても、政府の意図を疑問視し、非武装化によって無防備になることを極端に恐れ、非武装化を含む和平案を断固として拒否する。したがって、約束不履行問題の解決には、和平合意の履行を支援する中立で公正な司法・行政制度を整備することが強く要請されるが、それが整うまでの間、第三者が約束履行を促す装置（たとえば、暫定行政機構）を供与して約束の信頼性を確保することが必要となる。

4―内戦の複雑性と仲介の権力性

本章は、紛争の激化の原因となる情報不確実性、分割不可能性、約束不履行の問題を、権力でなく交渉と手続きを用いて制御する、仲介の可能性と限界について考察してきた。非法的な仲介の正当性とその帰結の履行可能性は、当事者の自発的同意と仲介の非強制的性質にあることを指摘した。

前節の考察から、現代の内戦型紛争は、情報不確実性、分割不可能性、約束不履行の問題が複雑化しやすい特徴を持つことが改めて明らかになった。複雑化した紛争の和解を仲介するには、(1)歪曲された情報を正すためのマスメディアの自由化や人々の認識の修復、(2)分配問題に関わる合意を促進するための包括的和平案の提示・説得、(3)約束不履行問題を解決するための中立・公正な司法・行政制度の再構築、非武装化・動員解除、治安の維持など多岐にわたる分野での支援が必要となる。その中のほとんどが当事国の内政に深く関与するものであり、当事国の主権を重視した従来型の仲介とは大きく異なる形の平和支援活動を伴うことになる。

さらにまた、前節では、新国家における新多数派が政治権力の拡大を企て、新少数派が旧国家での既得権益に固執するため、両者の間で和平合意の締結・履行が困難となっている点を指摘した。こうした状況で和平を達成するには、仲介者が自らの影響力を用いて当事者の過剰な期待を制御し、約束の履行を支援することが必要となる（Carnevale 2002, 29）。かくして、当初、仲介の正当性を裏付けていた仲介者による権力の不行使および当事者の同意は、もはや容易に確保できなくなり、紛争の平和的管理という任務を達成するために、仲介者は外交圧力、経済制裁、武力による威嚇または武力行使などの強制的手段を採る権力者にならざるを得なくなる。

一九九〇年代初頭、激化するボスニア紛争に対して国連は、ボスニア人、クロアチア人、セルビア人の再統合は不可能と考え、三者に領土分割和平案を提案した。ところが、勢力を拡大していたセルビア人集団はこれを不服として拒否し、さらなる拡大を図るために他民族への攻撃を強化した。その結果、和平プロセスは頓挫したかのように思われたが、人権侵害を制止する目的で北大西洋条約機構（ＮＡＴＯ）はセルビア人勢力に対して空爆を行い、後退を余儀なくされたセルビア人は当初拒否していた和平案とほぼ同じものを受け入れることに合意した。ＮＡＴＯの軍事攻撃は、セルビア人の降服を狙ったものではなく、むしろ弱体化させながら期待を制御して分割和平協定に合意させるものであった。この点でＮＡＴＯの軍事介入は、強制を伴った仲介であったと言える。

ボスニア紛争が示すように、複雑化した内戦型紛争を管理するには、第三者が影響力を行使する必要性は高まっている。一九九二年、ガリ国連事務総長によって提出された『平和への課題』が新たな形の紛争に対処するひとつの手段として平和執行部隊の組織を提案したのは、このためである。『平和への課題』の見直しを図った『平和への課題＝追補』が平和執行部隊について国連の能力を超えるものとして否定的であったように、現時点で強制を伴った平和支援活動に国際的コンセンサスはない(8)。しかしながら、影響力の行使を排除した仲介は、複雑化した内戦の平穏な管理には必ずしも十分ではないだろう。

第III部　自由と民主主義による平和

現実主義および制度主義は、それぞれ国家権力の「抑制と均衡」または国際制度を手段として、国際関係を外側から調節しながら、諸国の共存を図るものである。これと対照的に、自由主義が構想する「自由と民主主義による平和」は、自由主義の理念と政治経済制度を国家社会に浸透させ、国際関係を内側から調和または協調させようとするものである。自由主義は、一般化することが困難なほど多義的な政治概念であるが、自由の尊重と抑圧からの人間の解放を目指す原則および制度と緩やかに定義するとしよう。M・ドイルによれば、自由主義の原則とは、人の自由の尊重、平等な個人の観念、法の尊重、政治参加、私的財産の承認といった価値観であり、これらの原則を保障する自由主義の制度とは、(1)市民的自由権と平等を保障する法制度、(2)市民の同意を基にした議会制度、(3)市民の財産権を保障し経済的決定を需給バランスに委ねる市場経済というものである（Doyle 1997, 206-207）。

「自由と民主主義による平和」の知的源泉は、一八世紀末葉、I・カントが構築した「恒久平和論」に遡る（カント［一七九五］一九八五）。その中でカントは、安定的平和の要件として、共和制（または立憲制、第一確定条項）、自由な諸国家の連合制度（第二確定条項）、普遍的な友好権（第三確定条項）を挙げ、法の支配と権力の分立を制度化した自由主義国家は、市民との間で結ばれた、市民の生存権や財産権に関わる根源的契約を侵害する行為を慎むため、自由主義国家同士の間で戦争が生じる可能性は低いと論じた。

カントによれば、人間は理性的であると同時に感性的な存在者であり、常に感性的欲求への傾向性を持つ。感性は紛争や暴力の原因となる衝動に直結するため、平和と安全を維持するためには、理性が提示する行為の原理、すなわち「定言命法」が作用しなければならない。定言命法は、個人の権利と法の支配を保障する自由主義国家に包摂され、その自由主義国家の下で感性は制約され、人々は普遍的原則に即した道徳的行動を採るようになる。自由主義諸国は共同して連合制度を構築し、国家間関係で定言命法を強化する。こうした連合制度に関わる国際契約が第二確定条項である。主権国家の並存を認め、主権国家を国際平和の原動力と考える点において自由主義は、現実主義や制度主義と一致する。

「恒久平和論」の第三確定条項は、自由主義国家間で結ばれる普遍的な友好権、または世界市民法規範である。世界市民法は、外国人に対する市民権の授与でなく内国民待遇の交換を意味し、国境を越えた物品の自由な取引や人的交流に資するものである。この点においてカントの国際平和論は、古典的経済自由主義とパラレルになる（Shotwell 1929, 30）。この古典的経済自由主義によれば、自由化された諸国の市場は国境を越えて接合し、分業と交換を通じて相互依存と利益調和を国家間に形成する。自由で開放的な国際経済システムは、諸国が海外の市場や資源を貿易や投資という非権力的手段で利用することを可能にし、強制によって市場や資源を確保しようとする植民地主義や帝国主義などの権力政治を排除してくれる。この観点からすれば、伝統的国際秩序は自由主義秩序へと転換することが望ましく、実際にも歴史の潮流は、冷戦のイデオロギー対立の終結によって自由民主主義と市場経済の勝利が決定づけられ、その方向に進んでいるとされる（Fukuyama 1992）。

自由主義は、市民社会の秩序形成能力を高く評価し、国家を必要悪とする傍ら、国家を国際の平和と安全の内政的基盤とするというパラドックスを包摂している。カントが想定した平和国家は、法の支配の下で市民の自由権を保障し、上位規範としての国際的自由主義規範に服する「弱い」自由主義国家であった。ところが、実際に現れた近代国家は、たとえ自由民主主義を標榜するものであっても、カントの推測に反して、領域主権と排他的管轄権を主張する「強い」国民国家（nation-states）であった。国民国家は、政治過程を通じて集約された国家利益を追求する一方、内政的には自由権を完全に保障せず、対外的には自国の主権を主張して超国家的権力や上位規範を否定するものであるため、国民国家の間では必然的に対立が生じてしまう。

こうして概観すると、「自由と民主主義による平和」にはいくつかの疑問と問題があることが浮き彫りとなる。第一に、主権を持った国民国家は、カントが想定した「平和国家」ではない。したがって、国民国家が台頭する国際体系でカントの論証は十分でなく、自由主義の理念と制度がいかに国民国家に浸透し、「自由と民主主義による平和」をいかに確立するのかという問いに関する新たな論証・実証が必要になっている。第二に、国民国家の対外行動を規律する自由主義的国際制度は、実効性のある自然法として存在するものでなく、国々によって構築され、遵守されなければならない。国々の共通利益に資する国際制度は必然的に公共財の性質を持つため、国々の主権を認めた分権的国際体系ではフリー・ライドが容易に発生し、制度の構築は妨げられる。こうした状況で出現した自由主義的国際制度なるものは、特定の国民国家が主導して構築された恐れがあるため、たとえこの制度がうまく履行されても、国家間協調や国際平和が促進されるかどうか不確かである。第三に、現実主義と制度主義は、それぞれ独特の外的装置を通じて国々の共存を図るものであり、国々の理念や政治経済体制の同質化を必要としない。他方、自由主義は、国々に自由主義の理念と政治経済体制の確立・浸透を要請するため、その水平的拡大には、反自由主義的な価値や政治経済体制を保持する集団や国家が反発し、その結果、平和が脅かされる恐れがある。

第Ⅲ部では、第7章で自由民主主義国家同士の関係で萌芽するとされる民主的平和、第8章では、紛争後の社会において民主的統治の定着を支援する平和構築、第9章では、自由で開放的な市場経済が浸透し、経済的相互依存が深化した国際関係で発生するとされる平和について検討することにする。

第7章 民主的平和

一八世紀末、I・カントは、共和政体の間で安定的平和が樹立可能であると論じた（カント［一七九五］一九八五）。カントは、法の支配の下で上位規範としての国際的自由主義規範を遵守する弱い自由主義国家を想定したが、一九世紀以降の国際体系で台頭した近代国家は、領域主権と排他的管轄権を主張する強い国民国家であった。分権的国際関係で国民国家は、超国家的な国際法や規範を否定しながら国家利益を追求するため、国民国家の間で生じる紛争は不慮のものでなく、必然的なものとなる。それゆえ、カントの恒久平和論は、主権国家体系で経験的妥当性のない理想論であると見なされるようになった。

ところが、第二次大戦後、西欧、北米、北東アジア、オセアニアの先進自由民主主義諸国の関係で安定的平和が出現したことを契機に、恒久平和論の復権が唱えられるようになった。とりわけM・ドイルは、歴史的に自由民主主義国同士の間で戦争はほとんど勃発してこなかったと観察し、その原因をカントの恒久平和論と自由民主主義の規範に依拠しながら解明しようとした。その結果、現代国際関係学において、共和政体に代わる自由民主政体と安定的平和の間に因果律を見出す「**民主的平和論**（theory of democratic peace）」

が構築された（Doyle 1983, 1986）。この相関関係は、一九〜二〇世紀の二国間関係を検証した多くの多変量解析研究で、遠隔性、同盟、権力の非対称性、経済的相互依存などという不戦に関する競合諸仮説を勘案しても有意に析出されたことによって[1]、民主的平和論こそが「法則」と呼ばれるに相応しい、確かな因果関係を包含した国際関係理論であるとする論者まで現れている（Levy 1988）。また、実際の政策領域でも、欧州連合（EU）や北大西洋条約機構（NATO）は、民主主義の定着を新規加盟の条件とし、民主主義諸国連合を通じて国際協調および国際平和を達成することを目指す一方、国際連合も紛争後の社会に民主主義を定着させて安定的統治と国内平和を確保する平和構築活動を展開している。それゆえ民主的平和論は、実証理論としてだけでなく、政策理論としても注目されている。

　しかし、自由民主主義諸国は個別利益を追求する国民国家であることに加え、民主的平和論の概念的基盤である自由主義も、市民社会の秩序形成能力を高く評価し、国家を必要悪とする半面、国家を国際平和の基本単位とするというパラドックスを抱えている。したがって、民主的平和を論証するには、実効性のある超国家的法の制定が不可能な分権的国際体系においても自由民主主義の理念と制度が、国民国家間の関係で必然的に発生する利益対立を平穏に解決または管理するメカニズムを創出できることを論証しなければならない。

　本章は、自由民主主義のどの部分が、どのような過程を通じて民主的平和に貢献するのか、民主的平和論は現実主義や制度主義の平和構想とどのように違うのか、またはどのような点で共通しているのか、平和の対象を民主国家同士の関係に限る民主的平和論は、国際平和論として妥当かという問題について考える。

1―原初的な民主的平和論

民主的平和論は、自由民主主義の理念や制度という要素に「安定的平和」を誘発する因果的効果を認める実証的政治理論である。こうした非目的論的命題の妥当性は、因果的メカニズムの論証を明示的に行うことによってはじめて確立される。そこで、民主主義国家に内在する規範と政治構造が民主国家の好戦的な対外行動を規制することを論証しようとしたのが原初的な民主的平和論であり、現在の精緻化された民主的平和論の原型となっている。

この理論的取り組みの先駆者であるB・ラセットは、民主的平和に関する多くの実証研究から(Rummel 1979, 1983)、「規範的民主的平和論」および「構造的民主的平和論」という原初的な民主的平和理論を抽出し、ふたつの経験的妥当性を比較した(Russett 1993)。前者の規範的民主的平和論は、民主国家の公共文化に内在する、統治に関わる「広範な合意」、政治的党派の活動や少数意見の自由と共存を保障する「政治的寛容」、熟考と討論による「平和的紛争解決」という規範に着目したものであり、後者の構造的民主的平和論は、民主国家に包摂されている分権的統治構造が中央政府の戦争動員を抑制する効果を持つところに着眼するものである。

規範は構造の認識的基盤である一方、構造は規範を醸成するため、ふたつの効果を峻別することは、とりわけ両効果が浸透した近代民主国家では容易でない。そこでラセットは、古代ギリシャ都市国家関係と伝統的部族社会関係を検証し、その結果、民主的政治構造が未熟であるもの同士の関係にも民主主義規範（参加と協議）の浸透と安定的平和の存在が認められたとして、規範が安定的平和の主因とすることが妥当であると結論した（Russett 1993, 43-71, 98-120）。

民主的平和は、民主主義諸国の二国間または多国間の平和を意味していることから、的確な民主的平和論は、民主国家同士の間でのみ作用して、民主国家と非民主国家の間では作用しないメカニズムを論証しなければならない。ところが、民主主義の規範や構造が好戦的対外行動を規制すると論じる原初的民主的平和論は、民主国家または非民主国家のどちらを相手にしようとも民主国家の行動を一律に制約してしまうことになり、民主国家間の平和を的確に論証したことになっていない。この問題を克服するため、研究者は、現代社会科学の方法論を適用して、規範や構造という内政要因を理論の中心に据えながらも、それらを国家間の間主観的共同性、国際制度、政府間情報伝達というシステム要因に結び付けて民主的平和を論証するレベル横断的な新世代の理論を創出してきている。次節では、これらの新たな民主的平和論を概観し、理論間の相違や連関性について検討する。

2—新世代の民主的平和論の展開

1　カント的文化と友愛

最初に概観する新世代の民主的平和論は、「**社会構成主義**（social constructivism）」の方法論に依拠し、自由民主主義国家の認識と利益、自由民主国家間の認識的相互作用、その帰結としての安定的平和の間の関係を解明しようとするものである。(2) 主観から独立的に存在する事物を受動的に捉える実在論に対して、社会構成主義は観念を通じて主観の側から世界を規定しようとする観念論的方法を採る。この方法論を国際関係学に適用したA・ウェントによれば、安定的平和は、複数の自由民主国家が互いの権利や利益に相互依存性を見出し、友愛の精神で結ばれているという共通認識、いわゆる「カント的文化(Kantian culture)」を浸透させている結果である(Wendt 1999, 297-308)。ここで重要なのは、カント的文化という主観性は、単独で機能するのではなく、複数の主体間で相乗効果を発揮させつつ共同的に機能するという点である。こうした主観性の間主観的な共同性が投影されたときにカント的文化という表象が生じる。観念的共同性は国々の利益を構成し、国々の物質的能力と行動に意味を与えるが、カント的文化が浸透した国々の認識およびそれによって定義される利益は調和的となるため、利益対立が生起する可能性は相対的に低くなるだけでなく、たとえ利益対立が生じても、国々はそれを非暴力的紛争解決規範に従って平穏に解決すると推測される。

同様に、現実主義またはホッブズ主義を政策理念として抱く国々も間主観的な共同性を通じて「ホッブズ的文化(Hobbesian culture)」を構成する。ホッブズ的観念を持った主体は、防衛を最重要視し、他者の行動がどのようなものであれ、それを自身にとっての脅威と見なす。こうしたホッブズ的文化が浸透した国々の利益は対立し、対立の処理に武力が行使される蓋然性は高くなる(Wendt 1999, 259-266)。現実主義の観点からすれば、ホッブズ的文化は、権力が支配する国際的無政府状態において常態化し、主権国家体系が存続する限り、消滅することはない。ところが、社会構成主義の観点からすれば、ホッブズ的文化も間主観的共同性によって創発したものであり、主観の推移によって変容を遂げる。したがって、国々の間で「相互依存」、「共通運命」、「同質性」、「自制」という認識が「学習」または「模倣」を通じて浸透していけば、国々を取り巻くホッブズ的文化がカント的文化に漸進的に転換することは可能である（Wendt 1999, 343-363）。たとえば、ふたつの世界大戦の震源であった欧州で国々の認識が人権や民主主義に収斂し、国家間関係が「脱安全保障化（de-securitization）」していく過程において、カント的文化は安定的平和とともに創発していった（Risse-Kappen 1995 ; Wæever 1998）。

社会構成主義の論理では、特定の文化は多重実現可能性の性質を包含したものとして扱われ、それの醸成に資する決定因は特定されない[3]。同様の論理を不戦共同体または**「安全保障共同体**（security community）」の分析に適用したＥ・アドラーとＭ・バーネットも、安全保障共同体の形成過程における主要変数を特定できないとして、三段階から成る一般的形成パターンを提示するに留めた。具体的には、その第一段階として、共同体形成の契機となる外的脅威の出現や技術・経済・環境変化による認識的転換、第二段階として、権力や知識から成る「構造」と、組織・制度構築、交換、社会的学習から成る「過程」の相互作用による「相互信頼」や「共有認識」の醸成、第三段階として、相互信頼と非暴力的紛争解決規範の完成、そして平和に対する「確かな期待」が形成される（Adler and Barnett 1998b, 37-48）。

このアドラーとバーネットの枠組みからすれば、ＥＵと並んで、非暴力的紛争解決規範を共有しているとされる中東の湾岸協力理事会（ＧＣＣ）や東南アジア諸国連合（ＡＳＥＡＮ）などの非民主主義諸国を含んだ連合も安全保障共同体を構築していることになり、[4] 民主的平和は、安全保障共同体による平和のひとつとなる。この点は、民主的平和そのものを否定しないが、自由民主主義は平和の十分条件であって、必ずしも必要条件でないことを暗示している。しかし、彼らの枠組みでは、共同体内で非暴力的紛争解決規範がいかに継続的に遵守されるのかという重要課題について十分な論証または実証が行われていないため、どのような連合が安全保障共同体となって安定的平和を維持できるのか判然としない。この遵守問題に対して、次に概観する、制度主義に依拠した仮説は、立憲民主主義が有する物質的な国内法政治制度に解決の糸口を見出す。

2 国際制度の遵守と信頼の醸成

観念論に依拠した社会構成主義的民主的平和論と対照的に、制度主義的民主的平和論は、科学的実存主義の立場から、立憲民主主義が有する法政治制度を主要変数と見なして民主的平和を解明しようとする。[5] これによれば、立憲民主主義国家が包含する法政治制度は、原初的構造論が主張したように、ただ単に政府の好戦的対外行動を制約するのでなく、当該国家が自国の利益に合致するとして批准した国際条約を遵守する装置として作用する。それゆえ、同様の法政治制度を持った立憲民主国家同士の関係において、国際条約をめぐる遵守のジレンマは解消され、国家間協調および平和が確保される。

ここで着眼する国際法は、あくまで主権国家が自発的に受諾した国際条約であって、超国家的上位規範や世界法ではない。この点で制度主義的民主的平和論は、上位規範を主観に内在させる社会構成主義から区別される。たとえば、国々が国際的軍備管理条約で定められた規則を共同して遵守すれば、国々は攻撃的意図を持っていないことを互いに確認することができ、その結果、安全保障のジレンマは抑制されるはずである。反対に、違反行為はジレンマを煽り、相手国から対抗的行為を誘発して国家間関係を不安定化させる。こうした遵守問題に対して、立憲民主国家が持つ国内法政治制度が国際条約の遵守装置として働いて安全保障のジレンマの克服に資するというのが制度主義的民主的平和論の基本的命題である。

立憲民主国家の遵守能力が高い理由は少なくとも三つある。第一に、通常、権力の分立と法の支配を制度化した立憲民主国家では、行政府によって交渉・締結された条約は、立法府による批准過程を経て国内法体系の中に組み込まれ、条約が発効している限り、遵守しなければならない法として現政権や将来の政権の行動を制約する（Slaughter 2004, chap. 5）。批准された条約の遵守状況は、条約に同意した立法府や法の番人である司法府によって監視され、条約に対する行政府の違反行為は抑制される。第二に、公正な手続きに従って政権交代が行われる民主国家では、前政権によって締結された条約に対して、現政権は違反しない合理的理由がある。もし違反が慣習化してしまえば、現政権が締結した条約は次政権の違反行為によって無化してしまうので、政権は、たとえ競合する政党が締結した条約でも遵守して違反の応酬を避けようとする（Lipson 2005, 77–111）。第三に、権力の分立を制度化した立憲民主国家は、透明性および開放性を有するため、同様の制度を共有する国家同士の関係において、行政・立法・司法機関の間に国際的ネットワークが形成されたり、または条約の履行を任務とする国際機関が創設されたりし、ネットワークまたは国際機関を通じて条約の解釈や適用をめぐって議論と学習が繰り返され、その結果、条約の正当性および協定を遵守することの適切性が締約国間と締約国内の両方に浸透していく(Slaughter 2004, chap. 1-3)。

これとは対照的に権威主義国家では、統治を担う少数の政治エリートの利益が、国際条約を批准する唯一の決定因となっている。そのうえ、権威主義国家には独立した立法府や司法府が不在であるため、政権交代や政権内の変化によってエリートの利益が変化すれば、政権の条約違反を抑制することは非常に難しくなる。権威主義国家の遵守可能性が低いとなれば、条約の履行は困難となり、この国家と競合関係にある国家は対抗的な違反行為を採るようになって国家間の緊張はスパイラルに先鋭化していく。

J・モローは、停戦合意、生物化学兵器禁止条約、国際人道法などに関する国々の遵守状況を検証し、一般的に非民主国家の遵守履歴は民主国家と比べて劣悪であるという実証的知見を析出している(Morrow 2001)。この知見から、国際制度に対する遵守がより確かに担保されている立憲民主国家同士の間において、安全保障のジレンマはより効率的に解消されると推測できる。立憲民主国家の遵守能力が高いとなれば、条約を締結し、国々の対外行動を規律して国際協調を維持することが意味を持ち、実際に可能となる。逆に、関係国の遵守能力が低ければ、条約を締結する意味はなくなり、国際協調は実現しない。実際にも、立憲民主主義の成熟と地理的拡大とともに、多くの条約と国際機関が立憲民主諸国を中心に構築されるようになってきたのは、決して偶然ではないのである。

制度主義的民主的平和論が前提とする条約の存在は、多くの立憲民主国家を包含した現代国際関係において経験則として妥当であろう。しかしながら、国際関係の制度化が本格化してきたのは二〇世紀、とりわけ第二次大戦後であるため、制度主義的民主的平和論で制度化以前の民主的平和を説明することは必然的に困難になる。次に見る情報論を基盤とした民主的平和論は、国際制度を要件とせず、民主国家が包含する透明性の高い分権的統治制度が相手民主国家との利益対立を平穏に管理する情報伝達装置として作用する過程を解明する。

3　分権的統治システムと情報伝達

情報論の観点からすれば、国家は、限られた情報を基にいくつかの選択肢の予想結果を比較して政策を決定する。情報によって各選択肢の予想結果は変化し、決定される政策も変わりうる（第3章参照）。実効性のある紛争解決装置がなく、国々の利益が対立している状態において、一国家が卓越した軍事力と固い決意を背に他国家に対して譲歩の要求を突きつけた場合、情報が確実であるならば、後者は、たとえ戦っても勝ち目がないと判断し、譲歩を選択することが予想される。ところが、もし鍵となる軍事力や決意に関する情報が不確かであるならば、決定は複雑化する。情報論は、こうした不確実性の状態で前者が後者を譲歩に追い込むことを目的に、強硬な行動を通じて自国の軍事力や決意に関する不確実性を操作しようとし、その帰結として戦争が発生すると推測する。すなわち情報論からすれば、戦争は、交渉で払拭できなかった不確実性を除去して、権力関係の現実を知らしめる暴力的な紛争処理の一形態である一方、(6) 戦争の回避は、当事国間で情報の伝達がうまく行われ、不確実性が解消された結果として実現すると見なされる。

情報論の観点から民主的平和論を洗練化しようとしたJ・フェアロンは、効率的な政府間情報伝達回路は代表制民主主義の統治制度を基盤として形成されると論じ、次のように説明している（Fearon 1994）。一般的に、代表制民主主義の統治制度を採用する国家で執政権を握るには、国民からの広範な支持が必要となる。支持の程度は政権が国民からどれくらい信用されているかに拠る。政権が公約した政策を実行すれば、信用は維持されるが、実行しないならば、信用は低下し、最悪の場合、政権からの失墜を招く。こうした信用低下によって政治指導者が被る費用のことを国内的観衆費用（「観衆費用」については第2章第2節も参照）と定義することができる。相手国にしてみれば、当該政権がどのような決意を抱いているかは正確に知り得ない。そこで国内的観衆費用は、決意の程度を測定してくれる観察可能な指標となる[7]。国内的観衆費用が高い政治体制（信用低下が政権交代を引き起こす民主主義体制）に対し相手国は、当該政権が公約した政策の実現可能性を高く評価せざるを得ない。もし当該政権が強硬な対外政策を採れば、両国の軍事力が対等で、その他の関連する諸要因も一定ならば（以下、関連する諸条件が一定ならば）、相手国はその決意を考慮して譲歩することを選択する。反対に、国内的観衆費用が小さい政治体制（信用低下が政権交代につながらない権威主義体制）では、当該政権が実行する意図のない政策でも実行すると宣言する可能性は高くなる。なぜならば、たとえそれを実行しなくても、政権の国内的信用に悪影響を及ぼさないため、政権は宣言した政策を実行しようとする強い誘因を持たないからである。

フェアロンは、権威主義国家の観衆費用は一般的に低いとするが、その理由を、権威主義国家の政治指導者は、たとえ多くの国民の支持を得ていなくても、強制と抑圧によって政権を維持できるところに見出している。権威主義国家の国内的観衆費用が低いとなれば、その政治指導者が発した威嚇は、相手国からすれば、それが実行されるかどうかは疑わしく、その威嚇に譲歩する必然性はなくなる。したがって、相手国は権威主義国家の威嚇を虚勢と見なして対抗し、その結果、対立は激化することになる。以上、これらの前提を勘案すると、関連する諸条件が一定ならば、民主国家同士の関係で対立が平穏に回避される確率は相対的に高くなると結論でき、民主的平和論を支持する論証が得られたことになる。

また、K・シュルツは、民主国家の情報伝達装置は競争的政党システムにあるとして、フェアロンの情報論に次の修正を加えている（Schultz 2001, 84-115）。競争的選挙によって政権政党を選出する民主国家では、野党も与党と同様に国民の審判を受ける。野党は与党が提示するすべての政策に反対するわけではなく、政府が提示した対外政策が国民の利益に適うと判断すれば、その政策を支持するが、適わないと判断すれば支持しない。したがって、野党は政府与党の政策を監視すると同時に、国民の意思を表明する独立した情報発信装置となり得る。

こうした与野党の論争を内包する民主国家に対して、相手国は政府与党の言動だけでなく、野党の言動も斟酌して政策決定することになる。もし有力な野党が政府与党の提示した強硬策を支持しているならば、相手国はこの強硬策の信憑性を高く評価せざるを得ず、その他の関連する諸条件が一定ならば、これに譲歩する。逆に、野党の賛成を得ていない政策は、信憑性が低いと相手国に判断されて、相手国からの抵抗を招く恐れがあるため、そもそも政府与党は野党が反対する政策の実行を躊躇する。どちらにしても民主国家は、競争的政党システムを通じて国家の意思を相手国に効率的に伝達できる。もし相手国も同様の統治制度を持っているならば、両民主国家の間では意思疎通がうまく行われ、その結果、両国が望まない戦争は回避され、両国の間に安定状態が発生する。しかしながら、両民主国家がともに与野党一致して国益のためには武力行使も辞さないという固い決意を持つ場合、利益調整を図る国家間制度が存在しない限り、戦争の回避は困難となる。

情報論的民主的平和論と原初的民主的平和論の相違は、シュルツが事例として取り上げたファショダ事件（一八九六〜一八九九年）を概観すると浮き彫りとなる（Schultz 2001, 175-196）。ファショダ事件とは、欧州によるアフリカ分割が最終局面に達した一九世紀の終盤、大陸縦貫政策を採っていた英国と大陸横断政策を採っていたフランスがナイル川上流のファショダ地域の利権をめぐって衝突した国際危機である。結果的に危機は戦争に発展せず沈静化したが、この過程が民主的平和論をめぐる学問的論争の焦点となっている。原初的民主的平和論に依拠した研究では、英国でハト派のソールズベリー首相とタカ派の議会、フランスでタカ派のデルカッセ外相とハト派の議会の間で政策論争が繰り広げられ、両国の分権的統治制度の中で強硬策に対する支持が希薄化していく過程が検証されるはずであった（Russett 1993, 7-8; Ray 1995, chap. 5）。しかし実際には、保守党ソールズベリー首相が野党自由党と世論の強力な支持を背にフランス政府の交渉要請を拒否したことによって二国間交渉は決裂したにもかかわらず、英国政府の決意を重く見たフランス政府がドレフュス事件で傷ついた内政基盤もあいまって無条件で譲歩したという結末で事件は幕切れを見た。この結末は、むしろ現実主義の抑止論と整合し、民主的平和論を覆すものであるように思われたが（Layne 1997b）、シュルツの情報論は、競争的政党システムによって英国国民の決意がフランス政府に効率的に伝達されたことを解明し、ファショダ事件の平和的終結を民主的平和の一帰結として解釈することに成功した。しかしながら、この事例解釈は、情報論的民主的平和論が民主主義の非権力的紛争解決規範と異なる、抑止を基盤とした紛争管理過程を包含していることを顕にした。

3—民主的平和の多義性と貧困

ここまで本章は、民主的平和論の発展経路を追跡し、原初的理論が現代社会科学の方法論によって精緻化・多様化していく過程を検証した。その中で明らかになった民主的平和の樹立に資する諸要因は、カント的文化の浸透・共有を図る自由民主主義の理念、国際制度の遵守を確保して安全保障のジレンマを低減する立憲民主主義の法政治制度、政府間に効率的な情報伝達回路を創出して相互抑止を作用させる代表制民主主義の分権的統治システムまたは競争的政党システムというものであった。これらの要因は、民主国家間の関係のみに存在するものであり、民主国家単体の対外行動を規制することを意味しないため、二国間または多国間の民主的平和を論証することになる。原初的民主的平和論が、民主主義の規範や構造が民主国家の好戦的対外政策を抑制するように作用することを強調したのに対して、新世代の民主的平和論は、民主主義諸国の関係で利益対立を管理・解決する機能が民主主義の規範または統治制度から創出されることを強調している。かくして新世代の民主的平和論は、漠然としていた民主国家間の平和創造装置を解明してきたのであるが、部分的に制度主義または現実主義の紛争管理装置を内包し、民主主義の規範と構造の規制的機能を重視した原初的民主的平和論を概念的に多元化することになった。

その結果、新世代の三つの民主的平和論が論じる平和は、それぞれ異なる性質のものとなっている。情報論が意味する平和は、分権的統治システムまたは競争的政党システムによって支えられた相互抑止の所産としての「不確かな平和」である。(8) これと対照的に、社会構成主義が想定するカント的文化による平和は、互いの権利や利益に相互依存性と調和を見出す、成熟した自由民主国家同士の間でのみ成立可能な「安定的平和」である。これらの両端の間に、競争性は緩んでいるが、カント的文化を醸成するまでの認識的調和を達成していない立憲民主国家同士の関係において発生する「暫定的平和」がある。暫定的平和には相互不信や不確実性というリスクが潜在するため、リスクを解消して暫定的平和を安定化する役割が国際制度に求められる。国際制度の遵守は、立憲民主主義に包含されている法政治制度によって確保され、立憲民主国家によってのみ実効性のある制度は構築可能である。各締約国は、制度の継続的履行を通じて、予測可能な将来、共同して行動規則を遵守し続け、平和的紛争解決手続きに従って対立する利益を調整するだろうという確かな期待、いわゆる「信頼」を抱くようになる。このように国際制度と国内法政治制度の相互作用が認識に及ぼす構成的効果によって、カント的文化が醸成されてゆくと推論できる。要するに、民主的平和を安定化するのは、規制的効果と構成的効果を創造する国際制度であり、それを支える立憲民主主義なのである。このように捉えることによって、平和の段階的定義を基に各段階における決定因を解明した新世代の民主的平和論をひとつの発展論的な枠組みのなかで整理することができる。すなわち、国家間関係が成熟するにつれ、情報伝達回路による相互抑止、制度による不確実性の管理、そしてカント的文化による認識的調和が蓄積し、民主的平和は重層化・安定化していくと推論できる。(9)

たとえ精緻化された民主的平和論であろうとも、あくまでも民主国家同士の関係で二国間または多国間の平和が萌芽することを想定し、民主国家がどのような国家に対しても平和的に振る舞うということを意味していない。ここに民主的平和論が描く国際平和構想の偏狭性がある。民主的平和論で分析の射程に収められていない非民主国家同士の関係や民主国家と非民主国家の関係は、情報透明性、制度遵守、認識に関わる非対称性が原因で不安定化する可能性があり、(10)二〇世紀に勃発した多くの国際戦争はこの非対称の関係の不安定性を例証している。だからといって、権威主義国家を外部からの圧力によって急進的に民主化しても、民主的平和を実現する諸要素が短期間に整うとは考えられない。本章で検討したように、民主的平和の内在的諸要素は、長期間を経て醸成されていくものであって決して短期間に整うものではない。民主的平和の本質を理解し、内在的諸要素の形成・豊饒化に向けて間接的・長期的に支援していく姿勢こそが、民主的平和の拡大に貢献するものとなる。次章では、この取り組みとしての平和構築について考察する。

第8章　平和構築

前章で考察した民主的平和論は、自由民主主義を安定的平和の内政的要件としていた。この観点からすれば、安定的平和の水平的拡大には、自由民主主義の理念と制度を権威主義社会にも浸透させていくことが求められるが、実際に、一九世紀以降、民主主義は断続的に拡大してきている。S・ハンティントンの観察によれば（Huntington 1993, chap. 2）、民主化の「第一の波」（一八二八〜一九二六年）が欧米の工業化・都市化という社会経済変化の帰結として、「第二の波」（一九四三〜一九六二年）が第二次大戦を契機とした帝国主義の終焉と脱植民地化という軍事・政治的変化の帰結として、そして「第三の波」（一九七四〜一九八〇年代後半）が、権威主義政権の正統性の崩壊、経済発展の拡散、欧米主要諸国の対外的民主化支援政策、民主化の雪崩現象などの帰結として発生してきている。二〇〇三年の時点では、世界の一九三カ国の内の一二一カ国が民主国家であると定義できるまで民主主義は拡大した（Diamond 2003）。

ところが、この民主主義の水平的拡大には限界がある。とりわけ、内戦などを経験した紛争後の社会の場合、当事者が独力で民主政を樹立することは困難である。そのため、民主的な統治制度の建設を支援し、民主主義の定着を促進する「**平和構築**（peace building)」が、国際連合の新たな平和支援活動として行われるべきであるという見解が多くの国連加盟国に受け入れられるようになってきた。二〇世紀後半、内戦が重大な国際安全保障問題となるにつれ、国内社会の平和と国際社会の平和の間に相関性があることが広く認識され、紛争後の社会で平和を確保する手段として民主的統治の定着を支援する平和構築が強く要請されるようになってきた。

民主主義は、被治者を取り巻く市民社会が啓蒙・豊饒化されることによってはじめて定着する（Almond and Verba 1963; Putnam 1993）。第三者が外部から市民社会を直接的に形成することは困難であるため、的確な民主的統治制度の設計・建設の支援が平和構築の中心的任務となる。統治制度の形態によって関係する社会集団の権力関係は変化するため、どのような統治制度を構築するのかは集団間の重大な争点となる。

本章では、まず紛争後の社会を安定的に統治でき、国内的な平和をもたらす民主主義制度とはいかなるものかについて検討する。次に、統治の不安定化の原因は、むしろ市民社会の未熟性または治安や生活基盤の悪化にあるとし、民主的統治制度の建設支援に加えて市民社会の醸成を並行して支援するべきであるとする命題と、民主化支援に先駆けて司法・行政制度の強化を優先して行うべきであるとする命題を概観する。この相克は、単に平和構築の手続きに関するものでなく、統治に関する根本的な問題である。最後に、これらの論点を踏まえて平和構築の本質について検討し、本章を締めくくる。

1―構築される民主主義の制度類型と憲法工学

1　平和構築と民主化支援

J・ガルトゥングは、積極的平和が意味する調和、協調、統合を目指す取り組みとして平和構築を位置づけ、消極的平和を目的とした平和維持や平和創造と区別し、平和構築によって、紛争の基底にある抑圧、差別、貧困などの構造的暴力を排除しながら、社会の再構築と開発を促進できると期待した（Galtung 1985, 144）。一九九二年、ガリ国連事務総長によって提出された『平和への課題』がその運用を目指し、平和構築を「紛争の再発を避けるために平和を強化し堅固にする構造を見つけ、支えるための行動」と概念化した。これを受けて、国連安全保障理事会は「平和の強固な基礎」を作り出すための平和構築への支援を議長表明に盛り込む一方、国連総会も主権平等や内政不干渉などの国連憲章に規定された諸原則と合致させるべきであると留保を付け加えながらも平和構築を支援することを決議した。さらに、国連が行う多くの平和支援活動の統合と調整を目指した『国連平和活動に関する委員会報告（ブラヒミ・レポート）』（二〇〇〇年）も、「終結していない紛争を軍事的な領域から政治的な領域へと移行させ、その移行を永続的にする」ためには民主的統治の定着が要請されるとして、民主化支援の重要性を強調した。

本書の第5章で言及したように、実際にも、国連による民主化支援活動が、アンゴラ、ボスニア、クロアチア、東ティモール、エルサルバドル、グアテマラ、ニカラグア、シエラレオネ、南アフリカ、ジンバブエなどの地域で行われてきた。具体的施策は適用される状況によって異なるが、一般的に次のものが含まれる。新政府樹立に向けた公開選挙の実施・監視・支援、法秩序の再構築やその他の行政機能の回復、難民の帰還・生活支援、生活基盤の整備などの社会経済復興、行政官、事務官、選挙管理官、警察官、判事、弁護士などの人材育成。[1]このような多角的な平和構築活動には、国連の下部組織である政務局、平和維持局、国連開発計画（ＵＮＤＰ）、国連難民高等弁務官事務所（ＵＮＨＣＲ）、および地域機関や非政府団体（ＮＧＯ）などが関与し、それらの間での大がかりな連携と調整が必要となる(Fearon and Laitin 2004)。

民主主義の定着を支援する平和構築は、紛争以前のような非民主主義政権が再建されては安定的統治と持続的平和の達成は望めないという見解に基づいている。内戦に陥った国家は、破綻以前、強制と抑圧を統治手段とする権威主義政権、または、たとえ民主主義が形式的に導入されていても法の支配が不完全な擬似民主主義政権によって統治されていた可能性が高い。権威主義政権が不安定化しやすい原因は、政権形成、政策決定、政権交代などの統治に関する営為が公正な手続きに従って行われないため、社会環境の変化やカリスマ的指導者の死去を機に政権が正統性を失うと、クーデタまたは動乱という暴力的な過程を経て新たな政権に移行せざるを得ないところにある。たとえ民主的選挙によって選出された政権であろうとも、法の支配が徹底していないならば、多数派の支持を背景にして少数派の権利を侵害する「多数による専制」を横行させ、国内社会に重大な対立を発生させてしまう。

これに対して、法の支配を踏まえた立憲民主主義が安定的統治をもたらす理由として少なくともふたつ挙げられる。第一に、選挙、政権形成、政策決定、政権交代に関わる公正で明確な手続きを包含しているため、国民の支持を失った政権は選挙を通じて新たな政権に交代させられ、結果として、幅広い支持を得た政権が常に統治を担い、国民に対して説明責任を負う。政権に対する広範な支持は安定的統治に不可欠であり、立憲民主主義の緒制度によって広範な支持は確保される。第二に、立憲民主主義には、市民の権利を平等に保障する強力な法制度および議会という透明性の高い協議の制度が組み込まれ、競合する利益を持つ社会集団であろうとも、互いの権利を尊重しながら、交渉を通じて対立を平穏に解決する機会を持つ。

2 相克する民主的統治制度

民主主義を定着させている国々が異なる類型の統治制度を持つ事実に鑑みると、異なる紛争後の社会に適した共通の統治制度があるとは考えにくい。そこで、平和構築の最も重要な任務は、安定的民主主義を実現させる統治制度の設計を支援することにある。この問題は、学問的にも現代比較政治学の重要研究課題となっており、こうした研究分野は、「**憲法工学**（constitutional engineering）」として発展してきている(2)。

L・ダイアモンドによると、民主主義の統治制度にはふたつの重大なパラドックスが包摂されている(Diamond 1996)。ひとつのパラドックスは、「競争」と「同意」を対立軸の両極に置くものである。基本的に、民主主義とは、公正な政治競争を促進・管理しながら国民の同意を基にして統治を行う政治体制のことである。競争に関わる制度は排他的であり、同意に関わる制度は包括的であるため、ふたつの要件を同時に満たす制度の構築は容易でない。もうひとつのパラドックスは、「代表性」と「統治能力」に関するものである。代表性は、広範な参政権を確立して、権力を分立させ、権力に説明責任を課すことを必要とするが、統治能力は、公共政策を決定・施行するための権力の集中と執政機関の自律性を意味する。そのため、代表性と統治能力も緊張関係にあり、同時に満たすことは困難になっている。

これらのパラドックスは、成熟した民主国家にも内在するが、そこでは統治制度と市民社会の緊密な連携によって重大な社会対立を発生させることなく、うまく制御されている。たとえば、高い競争性と低い代表性を特徴とする多数決型民主主義を採る英国では、啓蒙された市民社会によって統治に関する広範な同意は確保されている一方、高い代表性を特徴とする多極共存型民主主義を採るオランダでは、「ネオ・コーポラティズム（neo corporatism）」と呼ばれる経営者、労働者、政府による協調体制によって高い統治能力が維持されている。(3)

ところが、紛争後の社会に建設される新生国家においては、健全な市民社会もしくは政労使協調体制が存在していることは稀であるため、ふたつのパラドックスは重大な社会対立を生起させる致命的な問題となりかねない。それぞれのパラドックスで対極関係になっている政治的価値の両方を同時に満たす統治制度は存在しない。そのため、統治制度の設計段階においては、優先する価値を特定せざるを得ないが、統治制度を支える司法・行政機能や政治社会が未熟な地域では、その反動でもう一方の価値の維持が困難になってしまう。したがって、紛争後の社会で安定的統治を目指す平和構築活動は、的確な統治制度の設計・構築を支援し、統治パラドックスによって希薄化する価値を補塡《ほてん》することを課題としなければならない。以下では、ふたつの代替的な民主主義統治制度を比較しながら、紛争後の社会に適した制度を模索する。

①**多数決型民主主義**　内戦に陥った破綻国家において政治的迫害を受け、その国家を再建してもなお迫害を被ることを恐れる民族集団は、旧国家からの分離独立を図る。異民族を再び単一の国家の中で平和的に共存させることがきわめて困難な場合、分離独立は、紛争の平和的解決の一選択肢として浮上する(Kaufmann 1996)。実際、一九九〇年代に勃発した内戦のいくつかは分離独立で終結している。[4] 分離独立を遂げた新生国家が民族一元化を達成することを前提にすると、**多数決型民主主義**(majoritarian democracy)がその統治制度として採用されることになろう。

多数決型民主主義は、たいてい、⑴相対多数制(小選挙区制)を選挙制度とした議院内閣制または大統領制、⑵単純多数決制を主要な意思決定手続きとして用いた議会、⑶中央政府に権力を集中させた集権制を採用する。これらの制度を持つ多数決型民主主義は、高い統治能力を発揮し得る強力な政府を形成するため、行政機能や生活基盤の回復が急務となっている紛争後の社会を統治するには政策的に適していると判断できる(Sisk 2001, 793)。

他方、多数決型は、競争性が高く、多数の死票を生む小選挙区制の採用によって、比較的低い代表性しか達成できない。しかしながら、多数決型では単独政党による政権運営が可能となるため、選挙で競合する各政党は、政権獲得を目指して政治社会的亀裂を横断するように集票活動を展開し、多数派連合の形成に専念することが予想される（Quade 1996）。同時に、こうした求心的政治過程ではイデオロギー的に中庸な立場を採る選挙民（中位投票者）の意見が重要視され、極右・極左政党が選挙に勝利することは難しくなるため、政治は穏健化することが期待される（Lardeyret 1996）。

一九九〇年代、激しい内戦を経験したエルサルヴァドルは、多数決型民主主義の下で安定的統治を回復している。同国は、メスティーソと呼ばれる白人と先住民（インディオ）の混血民族が約九割を占め、際立った民族対立がない代わりに大きな所得格差に悩まされてきた。一九七九年以来、政府軍とゲリラ勢力の間で続いた内戦は、九二年、政府とファラブンド・マルティ民族解放戦線（FMLN）による和平合意締結により終結し、和平プロセスは国連の監視・検証の下で順調に進展して、九八年、和平合意の完全履行が宣言された。FMLNの非武装化、警察、軍隊、司法の改革、人権侵害に加担した者の処罰、所得格差の是正を目的とした農地改革などを含んだ和平合意の履行を支援した国連エルサルヴァドル監視団（ONUSAL）は、平和維持活動の成功例として高い評価を得ている。和平後、最大政党の国民共和同盟（ARENA）が大統領府および一院制の立法府を支配し、貧困層を代表するFMLNも政党として政治参加を果たし、競争的な多党制の下で民主的統治が定着しているようである。

多民族地域で多数決型を採用するには、旧多民族国家からの分離独立という、場合によっては非常に危険な過程を経なければならない。チェコとスロヴァキアという二国家に分離独立した旧チェコスロヴァキアのように、民族集団の混住の程度が低ければ、分離独立を比較的平穏に進めることは可能である。

ところが、競合する民族集団が高いレベルで混住しているならば、分離独立は重大な混乱を招くことになる。混住地域で民族一元化を目指す分離独立は、必然的に大規模な移住を必要とするが、移住を強いられる集団は財産や故郷を喪失することを理由に移住に強く抵抗するため、異民族の完全な分離はほぼ不可能となり、独立後、多かれ少なかれ混住の状態が残存する。この場合の分離独立は、単に多数派と少数派を入れ替えたことに他ならず、多様な民族、高い民族意識、代表性の低い多数決型の最悪の組み合わせによって新国家が再び紛争に陥る可能性はきわめて高くなる(5)。

一九八〇年代、経済不振に喘《あえ》ぐ多民族連邦国家ユーゴスラヴィアは、その中核であったセルビア共和国を重点的に強化して経済の立て直しを図ろうとしていた。九〇年代初頭、東欧に民主化革命の波が押し寄せると、スロヴェニア共和国は直ちに住民投票を行い、ユーゴスラヴィアからの分離独立を宣言した。スロヴェニアは幸いに民族混住の程度が小さかったため、新国家への移行はほぼ平穏に行われたが、混住の程度が高い隣のクロアチア共和国の状況は違った。スロヴェニアの独立とほぼ同時期に、クロアチアもユーゴスラヴィアからの自立を目的に共和国憲法の改正に乗り出し、議会の意思決定制度を特定多数決制から単純多数決制に切り替え、クロアチア内のセルビア人を少数民族とする規定を採択した。これらの憲法改正によって権利と就業機会が縮小することを危惧したセルビア人がクロアチア共和国からの分離独立を宣言し、これを反乱と見なした共和国政府が特別警察を組織して独立を阻止しようとしたため、クロアチアは内戦状態に突入してしまった（Fearon 1998b）。

クロアチアの事例が示すように、混住状態が著しい場合、民族自決権は国内法規範の制定にあたって参照する権利に止め、その実質的行使は敬遠されるべきであろう。そして、多民族国家の枠組みを維持しながら、自決権の代わりに各地域に広範な自治権を認め、各地域の自治権をうまく調節する統治制度を模索するべきであろう。今日、地球上の大多数の国々は多民族国家であり、その多くが平穏に統治されている事実に鑑みると、多民族国家自体が政治的不安定化を招くとは言えない。競合する社会集団を政治過程に取り込み、各集団の権限の共有化（power-sharing）を図りながら幅広い同意を確保する統治制度を確立すれば、多民族国家は安定的に統治できるはずである。以下ではその可能性について検討する。

②多極共存型権限共有制　多民族国家を統治するには、異なる民族の間で権力の制限、分割、分離、共有を図る政治制度が適切であるという見解がある。こうした制度は「**多極共存型権限共有制**（consociational power-sharing）」として知られ、ベルギー、スイス、オーストリア、オランダなどの先進民主主義国家が導入・実践し、A・レイプハルトによって概念化された「多極共存型民主主義（consociational democracy）」に依拠するものである（Lijphart 1977）。レイプハルトは、社会内の諸集団が宗教、イデオロギー、言語、地域、文化、人種あるいは民族の違いを基礎に、相互に独立的で内部凝集的な部分社会を形成しているような社会を多元社会と定義し（Lijphart 1977, 3）、多元社会においても多極共存型の導入によって統治能力を犠牲にせず、広範な同意を形成しながら安定的統治を実現できることを示した。

この統治モデルは次の八つの特徴を持つ。⑴複数の政党による執行権の共同行使（大連立）、⑵権力の分立、(3)平等の権限をもつ二院制、(4)多党制、(5)政党を分ける争点の多元性、(6)比例代表制、(7)地理的連邦制および分権、(8)成文憲法と少数派の拒否権。これらの特徴を持つ多極共存型は、権力の分散(4)と権力の授権(7)を通じて部分社会の自治権と利益を保障する傍ら、多数派・少数派間の権力分有(1)と権力の制限(8)を通じて集団間の抑制と均衡を図る(Lijphart 1984, 30)。同意と代表性を重要視して権力の制限、分割、分離、共有を制度化した多極共存型権限共有制において、各民族集団を代表する政治エリートは、当該集団に対して指導力を確保し、集団間交渉に対しては民族意識を断ち切って妥協や合意を図ることを動機づけられるため、安定的統治が持続的に行われることが期待される。紛争後の社会がレイプハルトの言う多元社会ならば、その社会を安定的に統治する制度として多極共存型権限共有制が適切ということになる[6]。

一九九一年、ユーゴスラヴィアから独立したマケドニア共和国は、多極共存型権限共有制に切り替えることによって安定的統治の確立にほぼ成功したとされる(Bierber 2005)。同国は、人口の約六五パーセントを占めるマケドニア人と約二五パーセントを占めるアルバニア人などからなる多元社会であったが、多数決型民主主義を理念とした新国家を樹立させた。九九年、セルビア・モンテネグロ共和国内のアルバニア人が独立を果たそうとしたことで勃発したコソヴォ紛争を契機に、マケドニアにも民族紛争が飛び火して政治情勢は不安定化したが、国連や北大西洋条約機構(NATO)などの仲介によってオフリド合意(二〇〇一年)が締結され、全面的内戦は回避された。この合意は、両民族間で権限共有を図るものであり、具体的には、アルバニア語を公用語に加え、警察を含めた公的機関への就業に民族の構成比率に応じた比例配分制を導入し、民族の居住状況に符合するように行政区を改変して地方自治を強化した。さらに、一院制議会のほとんどの議席を小選挙区制で選出していた従来の選挙制度を、六ブロックの比例代表制によって全議席を選出する制度に変更した。二〇〇六年議会選挙後、マケドニア人系の内部マケドニア革命組織・マケドニア国民統一民主党（VMRO-DPMNE）がアルバニア人民主党（DPA）などの政党と連立を組んで安定的に政権運営を行うことに成功している。

ところが、多極共存型は部分社会を統治構造に組み込むため、人々が抱いている高い民族意識を恒久化してしまう恐れがある。さらに、紛争後の混乱状態の中で民族集団を統治し、民族集団間で和解を推進できる指導力と包容力を持った政治エリートを発掘することは容易でない。民主化が進んで政治参加が拡大するにつれて、たいていのひ弱なエリートは、民族ナショナリズムを喚起し、他の民族集団との敵対関係をエスカレートさせることによって、自己の政治基盤を強化しようとする（第６章参照）。それゆえ、多極共存型は民族間で和解を推進できず、むしろ高揚した民族意識を背景にして民族間対立を一層深刻化させる危険性さえある。

ボスニアでの大規模な紛争の後に締結されたデイトン和平協定（一九九五年）は、「ボスニア・ヘルツェゴヴィナの主権、領土保全、政治的独立」を目的として据え、多極共存型に近似した統治制度を構築することを盛り込んでいた。新統治制度は、地域に混住するボスニア人（人口の約四割）、クロアチア人（約二割）、セルビア人（約三割）の自治権を尊重し、三民族の権限共有化を図りながら民族間の均衡と融和を促進する諸制度を導入した。具体的には、自治区として「クロアチア・ボスニア連盟」（三つのクロアチア地域、五つのムスリム地域、二つのクロアチア・ムスリム混合地域）と「スルプスカ共和国」（ボスニア・セルビア人地域）を構築し、連邦政府の大統領府には各民族を代表する三人の委員と輪番制で選出される委員長を置いた。二院制を敷いた議会にも、上院に各民族からの五人の代表が置かれた一方、下院でも地域ベースの比例代表制選挙制度が適用されたため、事実上、三つの民族がほぼ三分の一ずつ議席を占めることになった。しかしながら、各民族を代表する議員は財政支出配分や公的機関への就業について自民族に有利になるようにと互いに争い、さらに悪いことには、大急ぎで行われた選挙で選出された民族主義的な指導者が、新国家の解体を訴え、民族間の分裂状態を一層深刻化させてしまった(7)。

これに類似するが、さらに一層暴力的な状況に陥ってしまった事例としてイラクがある。二〇〇三年のイラク戦争後、国連の関与を排除し、米国単独の支援で建設された新国家は、二〇〇五年、民主制、連邦制、共和制および多民族、多宗教、多宗派国家としてイラクを規定し、多極共存型権限共有制の要素を含んだ統治制度を定めた新憲法を採択した。二〇〇五年、比例代表制で行われた初めての議会選挙によって、シーア派、スンニ派、クルド人系政党から成る連立政権が樹立されたが、同国で多数を占めるシーア派が新国家の枢要な行政職を独占してしまった。フセイン政権下で少数スンニ派に抑圧されてきたシーア派は、内務省管轄の特別警察を濫用してスンニ派住民に対して復讐を行い、スンニ派もシーア派の「専制政治」を転覆させようとテロ攻撃で反抗し、その結果、民主化を目指していたイラクを深刻な内戦状態に陥れてしまった。

これらのボスニアとイラクの事例は、紛争後の社会を統治するうえで、民族や宗派という準国家的集団の意識を変革することと、中立的で頑強な司法制度や行政制度を整備し、国家権力の濫用を防止することがいかに重要かを如実に示している。

以上、本節は二つの統治モデルを概観してきたが、新国家で採用される統治制度は、社会的亀裂の性質、その政治性や歴史、社会生活基盤の安定性などを勘案し、競争と同意および代表性と統治能力というパラドックスの対立軸において妥協点を選択したものとならざるを得ないことを確認した。したがって平和構築では、的確な統治制度の設計を支援し、選択された統治制度で希薄化しやすい政治的価値の保護や政府機能の強化を支援することが重要な任務となる。次節では、こうした点を踏まえて、包括的で均衡のとれた平和構築について考える。

2―民主化以前の制度化

1　市民社会

本章の冒頭で述べたように、民主主義の社会的条件として、啓蒙された市民社会の存在がしばしば挙げられる。市民社会とは、「公共領域で活動し、国家と市民生活の媒体的役割を果たす独立・自発的組織」（Diamond and Plattner 1996, xxii）であり、法秩序や社会的規範によって制約されながら、民主主義を定着させる重要な諸機能——国家権力の制限、政治参加・討論の促進、社会利益の代表、政治エリートの養成、寛容の精神の育成など——を果たす。これらの機能を持つ市民社会は、統治機構を弱体化させるのでなく、むしろ統治機構の説明責任、応答性、有効性、正統性を向上させて統治能力を高めてくれる。したがって市民社会論の観点からすれば、たとえ民主的統治制度を紛争後の社会に構築しても、健全な市民社会が存在しないならば、民主主義がうまく機能することはあり得ない（Lipset 1996）。

紛争後の社会の中でもとりわけ共産主義政権に統治されていたものは、旧政権によって社会集団が政治化され、政治目的のために利用されてきた過去を引きずるため、人々の間に相互不信、政治的無関心、皮肉癖が強く残る（Rose 1996）。前政権の権威主義的慣行が残る状況で、たとえ自由権が保障されて公開選挙が実施されても、選出された議会議員は広い社会的信用を得られないし、議員本人も選挙区全体の利益を代表しようとしない。自由権の保障は、民主的市民社会の醸成に必要であるが決して十分でなく、それに先駆けて、市民生活から旧政権の政治的影響を排除する社会の自由化・自律化が必須となる。国連平和構築活動でも、市民社会論の教訓に即し、農地改革や市場経済の導入による社会構造の多元化、生活基盤の回復支援、貧困の救済、教育支援、職業訓練、市民団体や中立的マスメディアの育成支援などが行われ、市民社会の形成に一定の貢献を果たしている。

2 司法・行政制度

市民社会論は、平和構築が市民社会の形成支援を含まなければならないことを強調する傍ら、民主化自体に対して必ずしも否定的でない。次に概観する司法・行政制度論は、民主国家を含めた近代国家が合法的権威に基づいた行政組織の充実とともに発展してきた史実を重視し、司法・行政機能の充実に先行した民主化に否定的な立場を採る。

これまで行われた国連平和構築活動を検証したR・パリスは、同活動は紛争停止という基準では一定の成果をあげたものの、安定的統治の定着という基準からすれば、そのほとんどは失敗に終わったと評価し、民主化を優先した平和構築は「ウィルソンの亡霊」に呪縛された教条主義的な試みであると痛烈に批判する（Paris 2004, 151-178）。民主主義という競争的政治体制は、法の支配や行政機能が充実していない移行段階において、新国家に対する社会の要求を、限られた行政能力によっては処理できないレベルまでに増幅する傾向があり、むしろ政治対立を深刻化する恐れがある（Mansfield and Snyder 2005）。民主的公開選挙に勝利して政権を掌握したエリートは、支持者の要求に応えようと、行政組織を操作して自らの支持基盤に財政的利益を誘導したり、さらに悪いことには、軍隊や警察を濫用して敵対する社会集団の人権を侵害したりする。こうした経験を踏まえてパリスは、政治エリートの排外主義的行動を抑制できる、政治から独立した中立で頑強な行政制度および司法制度の確立が、民主的統治制度の導入よりも優先すべきであるという立場を採る（Paris 2004, 179-211）。

J・フェアロンとD・レイティンによる広範な内戦データに基づいた計量研究でも、民主主義が内戦に対して有意な制約効果を発揮している証拠は得られておらず、むしろ内戦の勃発と凄惨さは治安の悪化に相関していることが示され、内戦防止の処方箋として、治安回復を目的とした司法、警察、軍隊の整備が提起されている（Fearon and Laitin 2003）。さらに、当事者が中立的な司法・行政制度を確立できない場合、第三者が暫定行政機構を構築し、それを支援する必要性も指摘されている（Fearon and Laitin 2004; Snyder and Jervis 1999; Walter 2002）。紛争後の社会で競合する政治エリートは、対立する社会集団間の権利・義務関係に関する約束事を遵守し続けることができないため、当分の間、第三者が約束の履行を監視・管理することが紛争の再発防止に不可欠となる（第6章第3節参照）。

しかしながら、第三者による行政支援にも問題がある。とりわけ、第三者側の調整問題および着手と退出のタイミングの難しさは突出し、これらの問題を克服して長期間に及ぶ行政支援を実行することは、国連や加盟国の資源および能力を超えた任務であるのかもしれない。紛争後のボスニアでは、欧州の外交団から成る最高代表部が新政府を監視・調整することになっていたが、米国が消極的であったため、最高代表部には十分な権限が与えられなかった。しばらくして最高代表部はデイトン和平協定を遵守しない政党幹部を政治過程から排除する権限を得たが、拙速な選挙の実施によって選出された民族主義的な政治家が既に影響力を増してしまった後であったため、諸民族の再分裂を阻止できなかった（Woodward 1999, 95-108）。

ボスニアで行われた平和構築は、支援を供与する第三者側の連携・調整の困難さを浮き彫りにした。処方箋として平和構築の諸活動を統括する国連の権威を強化することが考えられるが、その必然的な反作用として権限を縮小される加盟国の支援誘因は希薄化することが予測される。主権国家体系の下で行われる平和構築は、他の国際制度と同様に、関係国の利益衡量に基づいて運用せざるを得ないのである。

3―平和構築の非自由主義性

冷戦期のイデオロギー対立から解放された自由民主主義は、新たな国際的規範体系を形作り、平和構築という媒介を通じて紛争後の社会に浸透しようとしている。しかしながら、本章で指摘してきたように、紛争後の社会で民主主義を定着させることは容易でない。欧米の自由民主主義諸国の政治史においてさえ、まず市民社会と司法・行政機能が整備された後に、民主主義が幾度かの制度改革を経て漸進的に定着してきた過程に鑑みると、紛争後の社会がこの歴史的パターンから逸脱して、市民社会と司法・行政機能を確立する前に的確な統治制度を速やかに設計し、民主主義を定着できるとは考え難い。

したがって、多くの場合、市民社会と司法・行政機能が充実するまでの期間、第三者が主体となってそれらの機能を積極的に支援する暫定行政機構の設置が必要となる。しかしながら、暫定行政機構は、和解に向けての環境整備を開始する第一歩となるが、究極的な紛争解決手段とはなり得ない。外部から与えられた行政機構は、自律的な民主的統治制度と異なり、対立する社会利益を調整・統合する政治過程を包含しておらず、融和を妨害する過激な報道や政治活動に対しては強制的手段によって排除せざるを得ない。自由主義が構想する「自由と民主主義による平和」の下では、行政機構が自律的な安定的統治の踏み台となるとする発展論によってのみ、非自由主義的要素を含んだ同機構は正当化される。

平和構築が外部支配、または干渉にならない根拠は、平和構築の目的が国連憲章第一条で定められている「平和及び安全」の維持や「人権及び基本的自由」の尊重に整合し、被介入地域における関係集団の広範な同意を確保しているところにある。しかし、もし同意の幅が縮小し、平和構築活動が重大な挑戦に直面することになれば、同活動は撤退に追い込まれるか、または強制を用いてその任務を断行するかという、きわめて難しい選択を迫られることになる。ソマリア、ボスニア、ハイチで国連はこのような事態に直面し、イラクで米国は同様の事態に追い込まれた。強制を用いた場合、「紛争を軍事的な領域から政治的な領域へと移行させ、その移行を永続的にする」はずの平和構築は、自由と民主主義の対極にある「帝国主義」に陥る恐れがある。したがって、そうならないためにも、平和構築は、普遍的国際機関が主体となり、国際的正当性のある手続きを経て行われなければならないのである。

第9章　国際市場経済

自由民主主義と並ぶ、「自由と民主主義による平和」のもうひとつの要諦は、国々の市民社会を有機的に連携させる市場である。I・カントは、恒久平和論の第三確定条項の中で、自由権を保障し、互いに自由な通商を行う市民国家は、世界市民法規範の下で両国の間に平和を萌芽させると論じて、市民国家、通商、平和をひとつの紐帯で結びつけた。自由で開放的な国々の市場は、国境を越えて接合し、分業と交換を通じて脱国家的相互依存関係を形成する。各国の市場経済から成る自由主義的国際経済体制は、諸国が海外の市場、資本、資源を貿易と投資という非権力的手段で利用することを可能にし、強制によってそれらの確保を狙う植民地主義や帝国主義などの権力政治を排除してくれる。こうした国際経済制度は、しばしば制度主義の範疇にも収められるが、本書では、自由主義的経済制度は、自由で開放的な市場経済を国々の間に普及させて国際関係を内側から調和させるものである点を重視し、それを経済自由主義の平和創造装置であると位置づける。

ところが、国際政治経済の歴史を顧みると、国家の市場介入を完全に廃した国際経済システムは構築されておらず、市場、資本、資源をめぐる争いは複雑に政治化し、深化する経済的相互依存はむしろ対立点を増幅し、国民国家間の競争を煽るように作用してきたとも考えられる（Waltz 1979；Grieco 1990）。一九世紀後半、レッセフェール（自由放任主義）が浸透した欧州諸国の経済的相互依存関係は、N・エンジェルをして「戦争はもはや非合理的となった」と言わしめるレベルまでに深化したにもかかわらず（Angell 1911）、市場、資本、資源をめぐる列強の対立は熾烈化し、二度にわたる世界大戦を勃発させた。

こうした批判に対して経済自由主義者は、国際紛争の原因となった経済恐慌は市場不介入規範に反して近隣窮乏化政策に傾斜した国民国家にあるとして市場自体の無謬《むびゅう》性を主張してきた（Friedman and Schwartz 1963；Meltzer 1976）。しかし、市場が持つ富の分配効果が国内諸集団の間に重大な亀裂と対立をもたらして社会秩序を混乱させるならば、内政的主権を持つ国民国家は、秩序の回復を図るため、自由主義的規範から逸脱して市場に介入することを余儀なくされる（Polanyi 1944, chap. 5-6；Simmons 1994）。それゆえ、分権的国際体系で自由主義的規範に実効性を持たせるためには、国内社会の安定性を確保しながら国々の対外経済政策を規律する強力な国際制度の構築が要請されるが、問題は、国民国家が受諾できる国際制度をいかに設計するのかにある。

そこで本章は、市場がもたらす分配効果や国際協調への影響を分析し、国家の貿易介入の誘因と手段とは何か、国家介入を抑制し自由貿易を促進する国際制度とはどのようなものかを検証する。その後、経済グローバル化の下で顕在化しつつある、国際貿易制度と国内政治経済体制の緊張関係について検討して、本章を締めくくる。

1―経済自由主義と近代国民国家の成立

1　古典的自由主義経済学と国際貿易

市場経済は、人間社会に合理性、物質的富裕、相互依存をもたらし、戦争を非合理化するという考え方が、古典的経済自由主義者によって論じられてきた。A・コントは、戦争の元凶は窮乏にあり、富を効率的に生産できる市場経済こそが窮乏を縮小し、戦争の蓋然性を低下させると考え、B・コンスタンも、戦争は野蛮な衝動的行為である一方、通商は合理的計算に基づいた行為であるから、社会における通商の比重が高まれば、人々の合理的思考は強化され、戦争の蓋然性は減じられると推論した（Hall 1996, 19）。すなわち、市場を基盤とした豊かな通商諸国家の間では、戦争の機会費用は増大し、軍事大国にとっても戦争はもはや合理的な紛争解決手段でなくなると自由主義者は期待した。(1)

合理性と富裕を育む市場の動態を透徹したA・スミスは、個人の利己心に基づく自由な市場活動は、分業や交換を通じて社会的な生産と消費に調和と均衡をもたらし、意図せざる結果として社会全体の富裕を実現すると論じて、私利が市場を通じて公共善に変換する過程を解明した（スミス［一七七六］二〇〇〇―二〇〇一）。スミスにとって、自由な競争は秩序を破壊するものではなく、むしろ経済社会の自己調整作用と調和の原動力であった。D・リカードは、分業と交換の概念を国際貿易に適用し、国々が比較優位に応じて分業を行い、自由な貿易を利用すれば、世界中にある資源を最も効率的に組み合わせて生産・消費する最適状態を達成できることを論証した（リカード［一八一七］二〇〇〇）。

最適状態の達成には、各国が相対的に賦存《ふそん》量の多い生産要素を用いる産業に特化し、賦存量の少ない生産要素を用いる産業を縮小するという産業構造転換が必要になる。たとえば、豊富な労働力を持つ国は繊維などの労働集約型産業に特化し、豊富な資本を持つ国家は自動車製造などの資本集約型産業に特化する。そして、自由な通商を利用すれば、海外に散在する幾多の生産要素自体を運搬しなくても、それらを用いて生産された産出物を取引できるようになる。その取引で各国は自国において相対的に豊かな生産要素を用いたものを輸出する一方、相対的に乏しい生産要素を多量に必要とする品物を輸入するようになる（**ヘクシャー＝オリン生産要素賦存説**）。開放的な市場を持つ国々の間では、しだいに産業間貿易が行われるようになり、国際分業が達成されていく。市場が国内社会を多元化するように、貿易は分業を通じて階層化された国際関係を水平的な相互依存関係へと転換させる（Cooper 1968; Morse 1976; Keohane and Nye［1977］2000; 山本 一九八九）[2]。

2　市場経済と国民国家の相互依存性

国際平和は、国々が国境を越えて物質的利益を共有できる制度を必要とし、自由貿易こそがそうした制度であるというのが古典的経済自由主義の基本的命題であった。関連して、F・ハイエクは、市場が競争、分業、交換を通じて市場参加者の間に協調関係を樹立していくには、法や慣習などの一般的知識の支配、または法の支配が必要不可欠であると論じて、市場経済の法的基盤の重要性を強調した

(Hayek 1960)。この原理に反し、財産権や契約権を侵害する封建的大土地所有制や重商主義の諸政策は、効率的な市場取引および経済発展を阻害し、健全な相互依存の深化を抑制する。ゆえに、市場の形成・発展には、封建的社会制度、重商主義的政策、権威主義的政治体制を廃止し、人々の財産権や契約権を法の支配の下で保障する自由主義国家を構築することが要請される。

しかし実際には、純粋な自由主義国家は登場せず、代わりに台頭したのは、国家主権に固執し、自由権を不完全にしか保障できず、自由主義的国際規範より国家利益を優先した国民国家であった。K・ポランニーによれば、市場経済の発達は、前近代国家の制度的・政策的改革に掛かる費用をうまく内部化できる強力な国民国家を必要とし、国民国家も前近代的な封建社会を変革するために市場経済を必要としたというように、市場経済の発達と国民国家の形成は不可分の関係にあった(Polanyi 1944, chap. 5–6)。さらに、ポランニーは、近代化前、市場は国家社会に埋め込まれていたが、近代化後、市場は自律性を高め、国家社会を包括することになったと観察して、近代化が市場と国家の関係を転換する重要な契機となったと指摘した。

市場と政治は常に緊密な関係にあり、一方が他方の影響から免れることは困難である。同様に、国境を越えた市場の営為である貿易は、その分配効果を通じて国内社会に深刻な亀裂や対立を発生させる。その一方、社会秩序を維持しようとする国民国家も統治権を行使して貿易に介入し、その分配効果を外国に移転させるという外部化を企図する。国々の保護主義的な介入政策を野放しにすれば、国際貿易は大幅に縮小し、その結果、不況に喘ぐ国々の間で市場と資源をめぐる対立が激化して、重大な国際紛争に発展する可能性は高まる。次節では、この貿易をめぐる国際紛争について考察する。

2―貿易をめぐる国際紛争の原因と過程

1　貿易と社会対立

古典的経済自由主義は、貿易の拡大は生産要素の産業間移動を促すと論じ、それに伴う産業構造の再編成は社会的摩擦を喚起せずに滑らかに進行することを想定していた。しかし、移動を余儀なくされる生産要素を有する人々が移動に掛かる様々な物質的・心理的費用を理由に移動を拒否する場合や、効率的な資本・労働市場の不備によって再編成が困難な場合、貿易は重大な社会対立を引き起こすようになる。

こうした社会集団間の対立と連合に関する貿易の因果性を体系的に解明しようとしたのがR・ロゴウスキーである（Rogowski 1989）。ロゴウスキーは、まず、異なる社会集団は、資本、労働、土地という生産要素の内、異なるものを保有すると前提したうえで、ストルパー＝サミュエルソン定理を用いて、貿易の変化に応じて、資本家・地主・労働者の間で富の分配がいかに変化するのかを推定した。同定理によれば、貿易の拡大によって所得増を経験するのは、その国に相対的に多く賦存する生産要素を保有する集団であり、所得減を被るのは賦存量が少ない要素を保有する集団である。貿易縮小はその逆の効果を持つ。たとえば、資本が相対的に多く賦存する先進国において、貿易拡大は、労働力を豊富に持つ外国からの輸入を増加させて自国の労働者の所得を低下させる半面、自国の資本家の所得を増加させる。これが貿易の分配効果である。

これらの前提からロゴウスキーは、生産要素の配分に応じて異なる形の社会対立が生じることを示した。たとえば、労働の賦存量が相対的に多く、資本と土地の賦存量が少ない国家社会では、経済不況を契機に階級闘争が生じやすい。というのは、景気浮揚策とその貿易自由化による所得減を危ぶみ、それを防ぐための保護貿易を望む資本家と地主が結託し、自由化による所得増を期待する労働者と対立するからである。こうした階級闘争が生じた二〇世紀初頭のドイツでは、ナショナリズムと対外的拡張政策によって社会対立が処理された。一方、都市と農村の対立が顕著となるのは、農村部の土地の賦存量が多く、都市部の資本と労働の賦存量が比較的少ない国家社会である。つまり、農村部は自由化を好み、都市部が保護主義を訴えるため、国内社会に地理的な亀裂が走る。こうした地域間の対立が一九世紀中葉の米国で生じ、南北戦争に発展した。

ここで描かれる社会闘争は、階級または地理に基づいた対立であるが、現代先進国社会で表面化しているのは、輸出産業と輸入圧迫産業の間の対立である。この新たなかたちの対立を説明しようとしたM・ヒスコックスは、ロゴウスキー理論に次のような修正を加えて現代社会に適用可能なモデルを構築している（Hiscox 2002）。一方でロゴウスキーと同様、特定の社会集団は特定の生産要素を保有すると前提するが、他方でロゴウスキーと異なり、生産要素が産業間で移動可能かどうかは技術のレベルに依存すると想定する。

階級闘争を例にとると、資本家と労働者の間に対立が生じるということは、異なる産業の労働者（または、資本家）が互いに結託できる状態、すなわち産業間の移動が可能な状態にあることが条件となる。反対に、産業間で容易に移動できなければ、結託は困難になり、労働者は労働という生産要素でなく、むしろ産業で仕切られることになる。一般的に、工業化の黎明《れいめい》期では技術レベルが比較的低かったため、農村の小作農夫が都市に移動して労働集約型産業の生産過程に従事したというように、産業間移動は比較的容易であった。こうした移動を通じて生産要素内で産業間の所得平準化が発生し、同一の生産要素の保有者による産業間連合（産業を横断した労働者連合や資本家連合）が形成された。さらに、こうした連合は、階級利益を政府の公共政策に反映させることを企図して特定の政党と連携するようになった。労働者連合は米国では民主党、英国では労働党の支持母体となる傍ら、資本家連合は米国共和党と英国保守党の支持母体となった。その結果、階級闘争は政治闘争へと発展することとなったのである。

ところが生産技術が高度化していくにつれ、生産要素がひとつの産業から他の産業に移行することが困難になると、生産要素は特定の産業に閉じ込められ、生産要素内の結託は希薄化し、階級闘争は影を潜めるようになった。その代わり、同一産業内において異なる生産要素の保有者が呉越同舟の状態に置かれて互いに協力し始め、その結果、社会の対立軸は階級から産業へと転換した。その余波として、これまで政党政治を支えていた社会集団は衰退し、政党の支持基盤は弱体化していった。

貿易の分配効果によって発生した社会的亀裂を放置しておけば、それが階級闘争または産業間対立であろうとも、経済社会は不安定化してしまう。そこで政府は、安定的な社会秩序を確保するべく、所得格差を縮小する再分配政策、深刻な経済不況に悩む地域社会に対する経済再活性化政策、生産要素を比較優位のある産業に移転するための産業構造改革、労働者に対する再教育・再トレーニング政策などを講じて、分配効果を国内で処理するという内部化を求められるが、これらの社会経済政策の設計と施行には高い政策能力が要請される。(3) 反対に、十分な政策能力を持たない国家政府は、分配効果を保護貿易によって外部化することを企図する。こうした外部化の帰結については、第3項で論じることにして、第2項では、政府による貿易介入が社会的安定性を確保する以外の個別的政治目的で行われる場合について検証する。

2　民主主義と市場介入

経済自由主義は、自由主義国家が財産権や契約権を尊重することを想定したが、既述したように、実際に、完全な自由主義国家は出現しなかった。代わりに台頭した国民国家であろうとも、民主主義原理が機能するならば、一部の産業を利する保護主義政策を排し、多数の消費者を益する自由で開かれた貿易政策を展開するはずである。ところが、多くの民主国家は、多数を犠牲にして少数を利する貿易介入を放棄してこなかった。実証的政治経済学は、この疑問を次のように解明してきた。(4)

第一に、そもそも保護主義は、比較的乏しい生産要素を用いて生産を行っている比較劣位産業が利潤や雇用を守るための輸入制限を政府に対して要求することで発生する。しかし、多元的な経済社会において、比較劣位産業の関係者は少数派であり、他の比較優位産業の関係者や消費者という多数派は、供給の縮小と価格の上昇をもたらす輸入制限に反対するだろうから、民主制の下で保護貿易政策は採択されないはずである。そこで**利益団体政治論**は、代表民主制における公共政策の決定因は社会利益の相対的強度であると仮定し、輸入制限を要求する社会集団の組織力・動員力がそれに反対する集団に比べて相対的に大きいことが保護主義の原因であることを解明した（Schattschneider 1935）。すなわち、自由貿易を好む大多数の消費者は、その匿名性と地理的分散のため組織化されにくい一方、保護貿易を求める生産者は、たいがい地理的に凝集しているため、高い組織力・動員力を持つ。組織化された生産者集団は、政治家に政治献金を供与して貿易政策を操作しようとする。多くの場合、産業利益は、議会の専門委員会や行政の専門部局などを巻き込んで下部政府を形成し、保護主義政策を慢性化させる（Lowi 1969）。

第二に、大衆社会の中に保護主義の原因を見出す政治経済論に対して、国家の政治的中枢に保護貿易の原因を見出すのが**重商主義論**である。原初的な重商主義論は、国内産業に対して輸入制限によって国内市場を確保してやり、産業政策によって生産要素を集中投下してやることで経済成長と貿易黒字を促すものであった（リスト［一八四一］一九七〇）。こうした産業政策は、財産権や契約権の制限を伴うため、権威主義国家でのみ施行され得ると考えられてきた。これに対して新たな**戦略的通商政策論**は、財産権や契約権に抵触しないかたちで利潤を外国企業から国内企業に還流でき、民主国家でも実践可能な保護政策があることを示した（Krugman 1986）。この新貿易論によれば、収穫逓増《ていぞう》または規模の経済の効果が作用し得る不完全競争市場において、政府は関税などの輸入障壁を設置することによって、自国市場での外国企業の市場占有率を削減し、その分の生産増を自国企業に与えることができる。そして、生産拡大を果たした自国企業は学習効果を利用して限界費用を圧縮し、利潤を拡大することができる。反対に、生産減を経験した外国企業の限界費用は高まり、国際競争で不利な立場に追いやられる。このように政府は輸入障壁を戦略的に適用して利潤を外国企業から自国企業に還流させることができる。さらにまた、政府は国内企業の研究開発（R＆D）に補助金を拠出し、その企業の生産費用を削減し、利潤を保証することによって、新たな市場に自国企業を優先的に参入させることができる。政府補助金がない状態では、研究開発に莫大な資金が必要であることから企業は参入を手控える。そこで政府は、自国企業に補助金を与えることによって参入する誘因と決意の対外的信憑性を高め、同じ市場に参入しようと考えている外国企業を排除しようとする。国民は研究開発補助に必要な税金を支払うことになるが、政府の周到な税財政政策によって企業利潤の一部が国民に還元されれば、こうした戦略的通商政策が国内に重大な不利益をもたらさないかたちで民主国家でも実施される可能性は十分にある。政府は、産業の比較優位を操作し、国際分業を妨げる。多くの国々が、付加価値が高いという理由で、特定の産業に参入しようとすれば、限られた市場をめぐる国際競争は熾烈化する。

3　保護主義と帝国主義

国民国家の内部で燻《くすぶ》る保護主義は、経済不況によって一挙に表面化し、狭められた市場と資源をめぐって国々は争う。不況によって倒産や失業を被る産業社会は、政府に対して国内市場の確保のための輸入制限を強く要請し、ときには海外の市場を強制的に確保するように求める。政府も、こうした要求に応えて社会秩序の安定と政治権力の維持を図ろうとする。たとえば、一九世紀のレッセフェール国際経済体制は、一八七〇年代になると、主要国英国の国際競争力が重商主義政策を採ったドイツ、フランス、米国の経済的台頭によって低下したため、求心力を喪失し始めた。追い討ちをかけるように、一八七三～一八九六年の二十余年にわたる世界恐慌によって、国々は、民主主義、権威主義を問わず、国内産業の保護を企図して保護貿易に転換し、その結果、国際貿易は急減してしまった。市場と資源を確保して景気回復を図ろうとした欧米諸国および日本は、ブロック経済体制を強化しながらアジア、アフリカ、ラテンアメリカで新たな植民地の獲得に乗り出し、巨大な帝国を構築していった。

外国を攻め落として、そこを植民地として統治し、競合する他の大国から守っていくには莫大な財政的・人的費用が掛かったはずである。もし自由貿易が浸透し、海外の市場と資源を利用する平等な機会が国々に与えられていたならば、帝国の構築・維持費用はその便益を上回り、帝国は存在理由を失ったはずであった。しかし、保護貿易の蔓延によって市場が閉ざされた国際情勢の中で、本来、非合理なはずの帝国主義は、国家にとって合理的な経済自立政策になってしまった。

同様に、一九三〇年、恐慌に悩む米国は、国内産業と雇用の保護を目的にスムート・ホーレー関税法を制定して、三万を超える輸入品に平均約六〇パーセントの高関税をかけた。他の主要国も一斉に関税を引き上げ、一九三二年には世界貿易量を二八年のレベルの約四割までに縮小させた。各国の経済状況は、保護貿易によって改善されるどころかむしろ一層悪化し、国内社会は荒廃していった。とくに日独伊では、恐慌の中からファシズムが政治権力を掌握し、民主主義と市場経済を葬り去った。

3—法制度化の功罪

1　戦後ガット体制と埋め込まれた自由主義

前節では、たとえ市場経済を擁する近代的な民主国家であろうとも、社会対立を深刻化させる貿易の分配効果を外部化したり、または特定の社会集団を益したりする目的で貿易に介入する過程を解明した。一九世紀および二〇世紀初頭の国際貿易体制には、国々の貿易政策を規制する、拘束力のあるルールがなかったため、保護貿易およびそれによって激化する国際紛争を抑制することは困難であった。こうした問題を解決するには、市場の分配効果を適切な社会経済政策によって内部化する権限を諸国に付与し、保護貿易によって外部化する行為を不当なものとして禁止する、拘束力のある国際ルールを制定することが必要となる。以下では、こうした理念の下で構築されたガット国際通商体制について概観してみる。

ガット（GATT、関税及び貿易に関する一般協定）は、戦間期に台頭した保護主義の反省に立って、第二次大戦後の国際貿易を漸進的に自由化していく目的で構築された。しかしながら、ガットは、国際貿易機関（ITO）が設立されるまでの暫定的適用議定書[5]、あるいは「二国間の主観的な法関係の束」であったため、強力に自由貿易を推進する法的拘束力を備えたものではなかった（小寺二〇〇〇、一四頁）。その一方、締約国の貿易政策の自由化を支援するうえで次の三つの基本原則を擁していた[6]。それらの基本原則とは、(1)他の締約国の産品を相互に等しく扱うべきとする最恵国待遇原則、(2)国内産品と外国産品を等しく扱うべきとする内国民待遇原則、(3)輸出入について数量制限を行ってはいけないとする数量制限禁止であった。他方、ガットは、輸入急増で国内産業が過度の圧迫を受けたり、国際収支が悪化したりした際、社会的不安を縮小するためにセーフガード（緊急輸入制限）を講じたり、課徴金を科したりすることを例外的に認めていた。社会経済的安定性を確保しつつ、漸進的に自由化を進める概念は「**埋め込まれた自由主義**（embedded liberalism）」として知られ、ケインズ経済学に立脚した戦後国際経済体制の理念的根幹であった（Ruggie 1996, 107-112）。

埋め込まれた自由主義の下で、国民国家は国内経済を国際経済の変動から切り離す権限と方途を与えられ、公共政策の一環として社会経済政策を拡充することができた。社会経済政策に守られた国民が政府の自由化政策を受け入れたことにより、戦後国際貿易体制は漸進的に自由化されていった。その一方、国々は社会経済政策を強化して集権度を高め、対外的にも貿易フローを規制する権限を持った主体としてその影響力を拡大するという逆説的な事態が発生した。一九七〇年代になると、このパラドックスは、世界不況と国際貿易制度の欠陥を通じて表面化することになる。

2　埋め込まれた自由主義の限界と自由貿易の法制度化

自由貿易の促進を目的とするガットという国際制度は、第Ⅱ部冒頭で言及した、制度に必然的に生じる遵守、形骸化、仲裁の問題に苦悩することになる。ガットの原則であった数量制限禁止は、とりわけ農業分野で祖父条項やウェーバーなどによって有名無実化し、自由化義務は実質的に農業貿易に適用されなかった。そのうえ、多くの締約国は、ガットの法的不備を突いて、製品規制、政府調達、関税手続きなどに身を隠した非関税障壁の設置、暫定的救済措置として認められていたセーフガードや反ダンピング課税の濫用、輸出自主規制や輸入自主拡大などの管理貿易手続きを通じて自国産業の保護に奔走した。すなわち、埋め込まれた自由主義を標榜するガットで、社会的安定性の維持を目的として認められていた手続きが特定国内産業の保護のために濫用される事態が発生したのであった。こうした規律違反に関わる紛争を仲裁する紛争解決手続きがガットに導入されていたが、東京ラウンド以前までは紛争解決委員会に広範な管轄権が与えられていなかったため、うまく機能することはなかった。

このように、遵守問題が放置されたことにより権利義務関係の不均衡が生じ、ガットは疲弊していった。一九九〇年代前半、締約国は遵守問題の克服および自由化の促進を目指してマラケッシュ協定を採択し、一九九五年、**世界貿易機関**（**WTO**）をガットに代わる国際貿易体制の中核的組織として構築した。WTOは、従来ガットの規律対象でなかった農業、サービス貿易をも自由化の対象に収め、貿易に関わる知的財産権の保護を新たに導入した「規律拡大」および通商規律と紛争解決手続きの強化を推し進める「規律強化」を実現させた。

ガットでは、締約国の経済発展レベルに応じて自由化義務の程度を変えたり、補助協定に締約国が参加しないことが許され、また、たとえ協定上の義務違反が認定されても、違反措置を撤回する必要はなく、他の代償措置を与えたり、対抗的措置を甘受したりすることによって協定上の関税譲許のバランスが回復されれば、紛争は解決されたと考えられていた（小寺二〇〇〇、八九—九三頁）[7]。これに対してWTOは、一般協定と新旧補助協定をあわせて「単一の約束事」とし、WTOに加盟しようとする国はそれら全ての協定を受諾しなくてはならないとし、紛争解決手続きに関しても国内裁判手続きに限りなく近い準司法的な手続きを導入した。もう少し詳述すると、ガット紛争解決手続きは、小委員会のみから成る一審制であったが、WTOの手続きは、上級委員会を加えた二審制となった。さらに、手続きの効率化を促すために、小委員会・上級委員会の設置や報告書の採択は、紛争解決委員会（DSB）の全加盟国が反対しない限り自動的に行われるという「ネガティブ・コンセンサス方式」が採用され、裁定の不履行に関しても仲裁小委員会の決定を経て対抗的措置がほぼ自動的に承認されるようになって履行を確保する制度も強化された。その結果、WTO紛争解決手続きは、実質的な強制管轄権を設定して法的評価を行うことによって、一般的国際法規律と比べて、WTO規律の法的拘束力を著しく高いものとした（小寺二〇〇〇、一七一頁）。

3　法制度化の反作用

ところが、拘束力のある国際貿易制度の下で、貿易の分配効果を効率的に内部化する政策能力に乏しい国家に貿易自由化を強要すれば、その国家の経済社会は不安定化する恐れがある。たとえば、土地を豊富に保有し、土地をふんだんに使う農業に比較優位がある国が自由化された農業貿易に参画すれば、基本的に農業貿易で生じた利潤を農業に従事する多くの国民に分配して、所得格差を縮小しながら経済成長を遂げることができるはずである。これには先進国の国内農業補助金⑻や輸入規制および途上国における労働者の質や港湾施設や電力などの生産基盤に問題があり、これらの問題解決には先進国の規制撤廃と開発援助が強く求められている（Stiglitz and Charlton 2005）。しかし、たとえこれらの問題が解決されたとしても、次の内政的問題が途上国の発展を妨げる。

途上国が権威主義的政治体制および封建的土地所有制を維持し、少数の地主に大部分の農地を所有することを許容している場合、農業貿易で得られた利潤は地主に集中的に分配される。たいがい地主が権威主義政権の重要な支持者となっているため、地主の利益を重視する政権が小作農に利潤を還元する税財政政策を採る見込みは小さい（Acemoglu and Robinson 2005）。その結果、貿易によって拡大した国内所得格差は改善されず、経済社会の分極化状態は恒久化してしまう。地主は更なる自由化を政府に求める一方、大多数の小作農は過剰労働と搾取を助長する自由化に反対するため、貿易政策は階級闘争の争点となる。対立する社会利害を調整する能力をもたない権威主義政権は、強制と抑圧を一層強化して内政の安定と権力の座を維持しようとする。この点は、一九世紀のレッセフェール国際経済体制が、脆弱な内政基盤を持つ国々に政治的防衛策としての共産主義とファシズムをもたらしたとするポランニーの所論を彷彿《ほうふつ》させる（Polanyi 1944, chap. 19-20）。国際紛争の遠因ともなる内政不安の直接的な原因は、国内の権威主義体制や貿易の分配効果を効率的に内部化する政策能力の欠如にあるが、一方的に自由化を迫る国際貿易体制にも重大な問題がある。

4―経済自由主義の平和創造効果の領域的限界

古典的経済自由主義は、自由権を法の支配の下で保障する市民国家が国際的自由主義規範の下で分業と交換を行えば、国家間の相互依存と協調を深化させ、国際平和を達成できると期待した。ところが、実際に出現した国民国家は、たとえ民主的なものであろうとも、市場に埋め込まれた政治社会を抱え、排他的統治権の下で社会秩序の安定化あるいは個別的政治経済目的の追求のためには国際的自由主義規範から逸脱することを辞さないものであった。このような主権国家が並存する国際体系で自由な経済取引を促進するには、国民国家の保護貿易政策を規制し、貿易の分配効果を内部化させる社会経済政策を正当化する国際制度が必要となった。

戦後ガット体制は、締約国の社会経済的安定性を重要視しながら漸進的に自由化を推進し、貿易を通じて海外の資源、市場、資本にアクセスすることを可能にして、資源、市場、資本をめぐる対立の非暴力化にほぼ成功してきた。その一方、ガット体制は、「二国間の主観的な法関係の束」であったため、広範で深遠な自由化の促進には限界があり、個別的政治経済目的のために規則が濫用される温床ともなった。

疲弊したガットに代わって登場したＷＴＯ体制は、加盟国の国民が貿易規律の遵守が共通利益であることに同意し、加盟国政府が貿易の分配効果を内部化できる政策能力を有していることを前提として、客観的規律の強化と拡大を目指している。こうした自由主義的国際経済制度は、国民の同意を確保する政治過程を持つ立憲民主主義諸国および貿易の分配効果を効率的に内部化できる高い政策能力を共有する国々の関係において経済発展と国家間協調を促進するものであろう。ところが他方で、少数のエリートによって統治されている権威主義国家あるいは乏しい政策能力しか持ち合わせない国々にとっては、むしろ国内の社会対立を煽る国際制度となる。それゆえ、政治的・政策的多様性に溢れた国際体系において、経済自由主義の平和創造効果は、領域的に限定されたものとならざるを得ないのである。

結　章　安定的平和と現代国際秩序の狭間

1―国際関係理論と国際秩序の変容

本書は、現実主義、制度主義、自由主義という三つの代表的な国際関係理論が提起する平和創造装置の有効性を問題とし、国際の平和と安全に関わる理論と政策の探究という国際関係学の最も重要な課題に対して少なからず貢献しようとするものであった。序章で指摘したように、三つの理論が問題とする、安全に対する危険と希求する平和の質は違う。繰り返すが、現実主義は武力行使の蓋然性という脅威を問題とし、国家間権力関係を「抑制と均衡」によって制御しながら「不確かな平和」の樹立を目指す一方、制度主義は相互不信や不確実性というリスクを問題とし、リスクを国際制度の内部に収め、規範と手続きによって「暫定的平和」の安定化を目指す。最後に、自由主義は、法の支配、民主主義、市場経済を国々に浸透させ、国々を内部から平和国家に転換することによって、武力行使の恐れが全くない状態である「安定的平和」の樹立を目指すものである。

本書で考察してきたように、各理論が求める平和がそれぞれの理論に内在する平和創造装置によって確保できると論証されていたとしても、その論証過程には他の理論の平和創造装置が暗示的に組み込まれている。まず、現実主義に関して言うと、大国間で勢力均衡を安定的に作用させて脅威に対抗する過程では、均衡化の責任転嫁を防止する国際制度と、諸大国を国民の根源的権利の保障に専念させ、勢力均衡を破綻させるような好戦的拡張政策を抑制する憲法的仕組みが必要となる。また、制度主義では、国際制度によってリスクを縮小する過程において、制度構築のための安定的権力関係が必要となり、制度の履行のためには、国民の同意を取り付けながら、行政府に制度の遵守を促す、独立した立法・司法府を備えた民主的統治制度が要請される。最後に自由主義でも、民主的平和の黎明期では民主国家同士の間で相互抑止が作用することが期待される一方、各国の経済社会を有機的に連携させるには、保護主義を防止する、強力な国際制度が必要となる。このように、どの国際関係理論であれ、それが提起する平和創造装置の実効性は、部分的に、他の理論が提起する代替的平和創造装置によって支えられなければならない。

各理論の平和創造装置は不完全であり、その不完全性を克服するためには複数の装置を統合した複合的な取り組みが必要となる。こうした複合的取り組みが最もうまく作用した帰結が、第二次大戦後、西欧、北米、北東アジア、オセアニアの立憲民主主義諸国の間に発生した平和圏である。本書の序章で論じたように、平和圏を論証しようとする三つの説明仮説がそれぞれ一定の説得力を持っているのは、各仮説が単独では不完全であることの裏返しである。今日、平和圏の国々は、圏外からの脅威やリスクに対しても、各平和創造装置に置くウェイトを微妙に変えながらも、基本的に複合的取り組みによって対処しようとしている。具体的には、軍事大国である中国とロシアに対しては、戦後同盟を堅持して「抑制と均衡」を図る一方、両国の軍備の透明性を高め、信頼醸成を促進する国際手続きを強化しつつ、健全な立憲民主主義と市場経済を確立するように説得し続けている。他方、二一世紀初頭の国際安全保障問題を象徴する内戦、テロリズム、大量破壊兵器（WMD）の拡散に関しても、平和圏の国々は複合的取り組みを放棄しておらず、大規模人権侵害に対しては強制措置もやむを得ないと考えながらも、和平合意の仲介や履行支援、WMDの拡散を防止する国際協定などの国際手続きを強化し、内戦、テロリズム、国際法違反の土壌となる権威主義、貧困、国内法制度の不備の是正を推進している（大芝・藤原・山田 二〇〇六）。

国際平和を脅かす脅威やリスクに対して国々が採る行動の相互作用によって、規範というかたちで形成されるのが**国際秩序**である。一般的に、国際秩序は、現実主義、制度主義、自由主義の規範の緊張関係のうえに成り立っている。しかしながら、時代の推移とともに、国際秩序の枢要な規範は、現実主義から制度主義そして自由主義へと前進と後退を繰り返しながらゆっくりと推移してきた。その第一の大転換は、第一次大戦終結後、欧州勢力均衡体系の失敗を受けて、均衡と抑制でなく国際法制度によって平和的紛争解決を図ることを目指した国際連盟規約の採択を機に訪れた。ところが、この新たな国際制度には国々の対外行動を規律する拘束力が十分に備えられなかったことに加え、多くの加盟国においても立憲主義が浸透していなかったため、法と手続きに基づいた紛争解決は暗礁に乗り上げ、制度主義の平和構想は行き詰まった。

国際連盟の失敗は少なくとも形式的には勢力均衡体系の再生を招かなかった。第二次大戦後に構築された国際連合は、国際連盟の反省に立脚して、制度主義に加え幾分かの現実主義と自由主義の規範を備え持った。具体的に国連には、国際の平和と安全に責任を持つ安全保障理事会を意思決定機関とした集団安全保障体制、植民地主義を撤廃し、民主主義国家への移行を支援する信託統治、人権の尊重および社会経済的厚生の向上を促す広範な機能が与えられた。しかし、冷戦期の東西対立は安保理を麻痺させ、他の政策領域の機能にも悪影響を及ぼした結果、権力政治は抑制されず、主要国はまたもや勢力均衡によって権力政治を安定化せざるを得なかった。

冷戦終結を契機に、西側諸国の二国間・多国間関係を律してきた自由主義的秩序が事実上の国際秩序となり、今日、その規範の妥当範囲は徐々に拡大しつつある。これが国際秩序の第二の大転換である。この大転換の表象として、政治的民主化や経済的グローバル化が二一世紀初頭の世界で急速に進展している。自由主義的秩序が世界標準になろうとしている現状において、同秩序によって安定した国際安全保障ガバナンスが図られるかどうか検討することは意義深い。一部の自由主義者は、この推移を平穏で不可逆的なものと見なしているが（Mandelbaum 2003; Fukuyama 1992）、次節で述べる理由から、同秩序を基にした広範な国際ガバナンスの形成は必ずしも楽観視できない。

2—国際安全保障ガバナンスの可能性と限界

1　自由主義的国際秩序の正当性問題

国際秩序は、たとえ自由主義的なものであっても、主権を持った国民国家を基本単位とし、超国家的な法体系や国際組織を定立しない（Bull 1977, 7）。そのため、普遍的権威に基づかない国際秩序が正当性と安定性を有するには、その基盤となる国際制度が諸国にとって有益であり（制度の互恵性）、諸国も同制度に即して行動することに同意していることが必要となる。ところが、拡大する自由主義的秩序は、ロシアや東欧などの旧共産主義諸国および冷戦期に中立を宣言していた多くの途上国との明示的な協議を経ず、それらの国々から同意を取り付けたのかどうか判然としないまま、それらの国々を内部に組み込もうとしている。多国間協議に基づいて冷戦後の国際秩序が再設計されなかったため、拡大しつつある自由主義的秩序から西側先進諸国以外の国々が、西側諸国が享受してきた便益と同等の便益を獲得できるのかどうか疑義が残ってしまった。たとえば、西側先進諸国が重要な影響力を持つ世界貿易機関（WTO）体制は、サービス貿易を自由化し、知的財産権の保護を強化して先進国に優先的に便益を供与する半面、途上国に恩恵をもたらすはずの農業貿易や繊維貿易を十分に自由化できていない。安全保障領域でも、冷戦期に構築された西側同盟が冷戦後も残存する中で、ロシアや中国は、西側同盟に対する均衡化を常に視野に入れて対外政策を展開している。

拡大しつつある自由主義的秩序がその地理的適用範囲に見合った広範な正当性を得て安定的に作用していくためには、同秩序の基盤となっている国際制度の見直しを図ることが必要となる。しかし、たとえ西側自由主義国家であろうとも、それはI・カントが想定した国際自由主義規範に完全に服する平和国家ではないため、国民国家として利益追求を止めず、自国の利益が埋め込まれている国際秩序の抜本的な改革には消極的であると思われる。

2　米国の単独行動主義と権力政治の再来

たとえ制度の互恵性が確立できたとしても、それは、国々が対等な立場で互いに取引できる、権力が分散した多極体系においてうまく作用するものであり、米国に権力が集中した、二一世紀初頭の一極体系の中でその履行を確保することは容易でない。J・アイケンベリーによれば、冷戦期、西側に限定されていた自由主義的秩序が非対称な権力関係の中で比較的公平な国家間取引を確保できたのは、同盟国の協力を必要としていた米国が、自国の権力を多国間制度の内側に閉じ込めて行動していたからであった（ロックイン効果）（Ikenberry 2001, 210-212）。

ところが、ソ連が崩壊して唯一の超大国となった米国は、自国の権力の卓越性とその持続性を確信し、自国の権力を制度に閉じ込めることを拒み、国益の追求を最優先する単独行動主義、または、国際規範は他国に適用されるが、自国に適用されなくて構わないとする例外主義に傾斜するようになった。個別的自衛権の範囲を超える先制攻撃原則の導入、国連安保理の決議を軽視して決行したイラク攻撃、生物化学兵器禁止条約や国際刑事裁判所（ＩＣＪ）規程の未批准、弾道弾迎撃ミサイル（ＡＢＭ）制限条約の撤廃などは、米国の単独行動主義もしくは例外主義の所産であるとしばしば指摘される。さらには、二〇〇一年に米国を襲った九・一一同時多発テロ以降、ブッシュ政権は、ＷＭＤの保有やテロ集団への支援の疑いがある国家を**「ならず者国家**（rogue state)」と見なし、それらの国家を、民主主義と市場経済を内包した平和国家へ体制転換（regime change）させるためには軍事力行使も辞さないという**「新保守主義**（neo-conservatism)」を対外政策の理念とするようになった（山本 二〇〇六）[1]。ブッシュ政権後期には、イラク戦争後の新民主国家建設の行き詰まりと国内の反発によって、新保守主義は影を潜めるようになったが、単独行動主義は、一極体系が存続する限り、米国の対外政策から完全に消え去ることはないと思われる。こうした単独行動主義に対して各方面から次のような批判が集中している。

米国の単独行動主義は、現実主義者からすれば、権力政治を悪化させ、米国の国益を害する非合理的なもの（Walt 2005, 218-247)、制度主義者からすれば、国際制度を無視した非協調的かつ不当なもの（Ikenberry 2002)、自由主義者からすれば、権力に傾倒した帝国主義的なものと映り（Ignatieff 2003a)、米国に対する懸念が米国のライバル国家だけでなく同盟国からも表明されている。どのような国家であれ、自国の利益を追求する過程で国際的規範に反して行動することがあるが、米国の単独行動主義に国際社会の批判が集中するのは、米国が超大国であるからこそ規範に反する米国の行動が国際秩序を根底から覆すことになりかねないからである。

ブッシュ政権が言明するとおり、米国の行動が「ならず者国家」やテロリズムという脅威に対抗するためのものであったとするならば、脅威の消滅とともに米国の単独主義的行動は解消されるはずである。ところが、これらの脅威は、次の理由で自由主義的国際秩序に内部化されているため、同秩序が拡大する限り、残存していく恐れがある。

3　拡大する民主主義と市場経済の反作用

S・ハンティントンが「第三の波」（Huntington 1993）と呼ぶ冷戦終結後の民主主義の拡大は、欧米の自由主義者にとって歓迎すべき政治変化であっても、権威主義国家の政治エリートにとっては、自己の権力基盤を揺るがす脅威である。彼らは、東欧の権威主義政権の瓦解《がかい》、米国によるアフガニスタン攻撃やイラク攻撃、その後の民主国家の建設支援を目の当たりにして、民主化の波が自国に押し寄せてくることを危惧している。とりわけ北朝鮮やフセイン政権下のイラクは、核兵器を含めたＷＭＤを獲得するなどして、権威主義体制の防衛に奔走してきた。

さらにまた、自由主義的秩序のもうひとつの特徴である経済グローバル化も国際テロリズムと無縁ではないようである（Barber 1996; Mousseau 2002-2003）。第3章で言及したように、テロリズムの原因は多様であり、経済グローバル化が唯一の原因ということでは決してないが、重要な原因のひとつであると考えられる。経済グローバル化が進展し、市場経済と伝統的社会の接点が増幅している状況で、伝統的社会のエリートは、市場経済の商業主義や契約主義によって自己の社会的権威が脅かされていると感じている。その中でも過激なエリートは、下層社会の青年を操ってテロ活動を企て、市場経済の拡大を阻止しようとする。これがアルカイーダを含む国際テロリズムの社会経済的背景である。(2) テロ集団は、パキスタンやレバノンなどの法秩序が崩壊している地域を拠点とし、治安機関による摘発を免れながら暗躍する。不可視で移動性の高いテロ攻撃を防止することは困難であるため、テロ集団は標的とする国家から譲歩を引き出すために暴力を振るう誘惑に駆られる。これはテロ集団の勝利を約束しないが、テロ攻撃が断続的に発生することを意味する。経済自由主義は、経済活動から国家権力を排除するはずであったが、非自由主義地域への市場経済の拡大によってテロリズムという非国家権力を刺激してしまった。

4 人間の安全保障と伝統的国際秩序の壁

以上の点に鑑みると、自由主義的秩序を基盤とした国際安全保障ガバナンスの可能性に対して楽観視はできない。自由主義的秩序の内側には、本書の序章で指摘した平和圏が存在し、安定的な二国間・多国間平和が維持されているが、拡大する自由主義的秩序の外延では前述した脅威が散在している。これは、必ずしも自由主義の理念や制度に欠陥があるからではなく、むしろ、分権的な国民国家体系で構築された自由主義的な国際秩序が必然的に特定国家の利益を代弁し、特定国家の権力によって支えられているからである。それゆえ、自由主義的秩序は、自由主義を標榜しない国家や集団の観点からすれば、妥当なものとして容易に受け入れられるものではないため、その適用範囲の拡大には強い抵抗が予想される。

特定国家の利益と権力が埋め込まれている自由主義的秩序という特殊価値と対照的に、人間の生存と尊厳という根源的価値に基づいた安全保障概念が「人間の安全保障」である。その本質はやや漠然としているが、人間の安全保障が普遍的な人道主義に依拠するものであるならば、自由主義を標榜しない国家や集団にも広く受け入れられると予想され、この普遍的規範を基盤とした国際ガバナンスの実現に期待が寄せられる。実際に、根源的人権の回復は、国連が行う難民救援活動や開発支援活動の枢要な活動目的となってきている（人間の安全保障委員会二〇〇三；佐藤・安藤 二〇〇四）。

ところが、国家安全保障と一線を画する人間の安全保障に立脚した国連活動は、国家主権や内政不干渉原則の侵食を危惧する国々の反発を買うことが予想される。また、財政的・人的資源を要する国連活動も、実践的レベルにおいて、それらの供給国である主要国の共通利益が希薄な地域では必ずしも効果的に運用されていない。さらにまた、それらの活動を統括する国連も、伝統的規範原則のうえに構築された国際機関であるため、根源的人権の遵守を加盟国に徹底させ、人間の安全保障を新たな国際的規範に発展させる制度基盤としてはあまりにも心許ない。

しかしながら、これらの国連活動が継続して行われ、活動を通じて国々の認識が変化・収斂していくならば、根源的人権を規範とした国際安全保障ガバナンスが形成されるようになるかもしれない。それまでの間、部分的ガバナンスの必然的帰結として、「安定的平和」は領域的に限定されたものとならざるを得ないのである。

注

序章

（1）「平和圏」という概念は Singer and Wildavsky (1993) に依拠する。田中（一九九六、一九六―二〇〇頁）は平和圏のことを「新中世圏」と呼んでいる。その他、Mueller (1989), Jervis (1991-1992), Shaw (1994), Mandelbaum (2003), van Evera (1990-1991) も西側先進諸国間の平和について言及している。

（2）本書は戦争の原因について解明するものではない。戦争研究に関する総論的な著書としては、Bennett and Stam (2004), Blainey (1973), Doyle (1997), 猪口（一九八九）、Midlarsky (2000), van Evera (1999), Vasquez (1999), Waltz (1959) などがある。

（3）本書で論じる平和は、一貫して「戦争の不在」と定義される「消極的平和」である。「平和」の多義性に関しては、本章の第3節で言及する。

（4）Jervis (2002) は同様の趣旨の分析を行っているが、本書の次節の内容は、それとはやや異なる。

（5）権力配分に関する勢力均衡論として Waltz (1979)、脅威分布に対する均衡論として Walt (1987) がある。

（6）Jervis (2002) は、核兵器を平和圏の安定的平和の貢献要素としているが、本書の第4章で論じるように、核兵器は軍備管理制度が不在の状況では安全保障のジレンマを喚起して国家間関係を不安定化させるため、本書は国際制度を核兵器の抑止力を安定的に確保する平和維持装置とする。

（7）民主的平和論に関する詳細な考察は第7章で行う。

（8）本章で指摘した平和圏の理論個別的説明のほかに、統合的説明も試みられている。たとえば、R・ジャーヴィス (Jervis 2002) は、権力制御の奏功によって軍事攻撃の便益が縮小する中で、多国間制度によって平和の経済的便益が確保され、国々の政治経済体制が民主主義と資本主義に同質化することによって外国の体制を変革するという誘因が消滅したことが、平穏な国家間関係の構築に貢献したと論じている。また、J・

アイケンベリー（Ikenberry 2001）は、制度が関係国の対外行動に対して十分な拘束力を持つ一方、関係国に浸透した民主主義の理念と制度によって国際制度の遵守、国家間対話、信頼醸成が確保された結果、権力の非対称性が国家間取引に影響を及ぼさないことが保障され、権力を行使して利害を拡大する誘因が希薄化したと論じている。

（9）　現代国際関係学の主要理論を現実主義、自由主義（自由主義的制度主義）、社会構成主義とする見解があるが、本書は、社会構成主義を合理的選択論などと同様の社会科学の方法論と見なし、現実主義や自由主義に並ぶ実質的国際関係理論でないとする Fearon and Wendt（2002）の立場を採る。社会構成主義を適用した平和創造装置の説明に関しては本書の第7章を参照のこと。

（10）　ホッブズ、グロティウス、カントの諸思想を概観するには Bull（1977, 22-50）が有用である。

（11）　安全保障に関する広範な定義に関しては土山（二〇〇四、第一章）、中西（二〇〇七）、納家・竹田（一九九九、第一章）がある。

第1章

（1）　伝統的な現実主義の代表的著作として Carr（[1939] 2001), Morgenthau（[1948] 2005), Claude (1962), Aron（1966), 勢力均衡の外交史的研究に Gulick（1955), Liska（1957), Kissinger（1957), 高坂（一九七八）がある。

（2）　一極体系における均衡化の不在を論じる研究には、(1)米国は圧倒的権力を有し、他の諸大国は一極体系を転覆させる合理的誘因を持っていないとする現実主義的研究（Wohlforth 1999; Krauthammer 2002-2003）、(2)互恵的国際制度が構築され、米国の権力は制約されているため、対抗勢力は表面化していないとする制度論的研究（Ikenberry 2001）、(3)主要国の間で認識が共有され、多元的安全保障共同体が構築されていると論じる構成主義的研究（Risse 2002）がある。

（3）　米国の軍事的拡張の一部は、米国の同盟国が地域紛争を制御するため米国の軍事力を必要とした所産であるとして、米国を「招かれた帝国」と見なす議論がある（Lundestad 1990）。

（4）　伝統的現実主義者の中でも、Claude（1962, 49）は勢力均衡の必然性に関して疑義を呈していた。

（5）　新現実主義の他の代表的研究として、Jervis（1978）, Posen（1984）, van Evera（1999）, Walt（1987）などがある。

（6）　新現実主義の包括的評価として Keohane（1986）, Baldwin（1993）, Brown, Lynn-Jones, and Miller（1995）がある。

（7）　Niou and Ordeshook（1990）は、ゲーム理論を適用して自己保存原則が勢力均衡の形成に不可欠であることを論証している。この論証に関して鈴木（二〇〇〇、第一章）を参照。

（8）　権力拡大を大国の一般的行動形態であると仮定すると、必然的に勢力均衡の論証は困難になる。こうした仮定を包含した現実主義論は「攻撃的現実主義（offensive realism）」と呼ばれ、Mearsheimer（2001）, Gilpin（1981）などによって提起されている。これに対して、自己保存を国家の行動目的と仮定する新現実主義は「防衛的現実主義（defensive realism）」とも呼ばれる。

（9）　Mearsheimer（2001, 160-161）は、第二次大戦前の欧州のような非対称の権力関係で責任転嫁が発生しやすいと論じる。

（10）　「長い平和」という概念は Gaddis（1987）の冷戦研究に依拠するものである。

（11）　攻撃的軍備の優位性が安全保障のジレンマを悪化させて戦争を引き起こす過程を強調した現実主義理論は「攻撃・防衛バランス理論（offense-defense balance theory）」として知られている。この理論の原初的研究として Jervis（1978）、発展的研究に Brown, et al.（2002）がある。

（12）　一枚岩の国家という新現実主義の仮定は Snyder（1991）以外にも Schweller（2004）や Zakaria（1998）などによって批判されている。

（13）　冷戦期の立憲主義国家米国に関してスナイダーは、マッカーシズムと呼ばれる思想統制、愛国心の喚起、反共囲い込み政策に関する超党派的な同意、立法府による戦争大権の放棄などを挙げ、米国の立憲主義は形骸化されたと論じる（Snyder 1991, chap. 7）。

（14）　ファシズムの経済的原因に関しては本書第9章を

参照。本書で挙げたドイツ拡張の原因は複合的なものとなっている。もっと精緻な歴史研究の中で、ドイツの拡張主義および第二次世界大戦の勃発について包括的説明を付与しているものとして Overy ([1987] 1998) がある。その他、個別利益を求めて宥和政策を採る英仏を背景に、ヴェルサイユ体制を変革しようとした典型的権力追求行動としてナチス・ドイツの拡張を説明した Taylor ([1961] 1996)、ドイツの伝統的政治社会体制に拡張の起源を見出した Fischer (1967)、ヒトラーの世界制覇の野望に焦点を当てた Weinberg ([1994] 2005) など数多くの研究がある。

第2章

(1) 国際連合憲章は、第五一条で「この憲章のいかなる規定も、国際連合加盟国に対して武力攻撃が発生した場合には、安全保障理事会が国際の平和及び安全の維持に必要な措置をとるまでの間、個別的又は集団的自衛の固有の権利を害するものではない」、第五二条で「この憲章のいかなる規定も、国際の平和及び安全の維持に関する事項で地域的行動に適当なものを処理するための地域的取極又は地域的機関が存在することを妨げるものではない」と謳って、個別的自衛権と集団的自衛権およびこれらの権利を行使する手段である地域的取極、すなわち同盟の国際法的妥当性を認めている。

(2) 北大西洋条約は第八条にそのような規定を持つ。

(3) Wallander and Keohane (1999, 41) から引用した。

(4) 一九九〇年代の日米同盟関係の変容については船橋（一九九七）が詳しい。

第3章

(1) 米国と韓国は、一九五〇年一月、軍事協定を締結したが、これには共同防衛の義務は盛り込まれていなかった。

(2) アチソン長官は、韓国が侵攻された際には国連による救援があることを確認しておいたとされ、決して韓国を見捨てていたわけではなかった (Cummings 1990, 429)。

(3) 北朝鮮侵攻の五日前、アチソン米国務長官は、北朝鮮侵攻の可能性は低いと議会で証言していたように、トルーマン政権は北朝鮮の侵攻を予測できていなかったようである。したがって、東アジアにおいて封じ込め政策を展開する予算承認を連邦議会から得るため、同政権が北朝鮮の侵攻を誘発した可能性は薄い。

（4） Schelling (1966, 80-83) も同様のポジションを採っている。

（5） White House, "National Strategy to Combat Weapons of Mass Destruction" (Washington, D. C., December 2002), p. 1.

（6） Policy Brief 113, "The New National Security Strategy and Preemption" by Michael E. O'Hanlon, Susan E. Rice, and James B. Steinberg, January 2003, at http://www.brook.edu/comm/policybriefs/pb113. htm (accessed 8 May 2003).

（7） この点を深めるにあたって、価値の配分問題を解析するバーゲニング・モデルに攻撃という外部選択肢（outside option）を加えた Slantchev（2003）のゲーム論的分析が参考になる。

（8） ジョンソン政権は、米軍艦船に対して二度の攻撃があったと主張したが、後の調査で、二度目の攻撃は米軍による捏造《ねつぞう》だったことが明らかになっている（Moïse 1996）。

第4章

（1） Wallace（1979）と Sample（1997）は、多変量解析によって軍拡競争と戦争の相関を検証した一方、Downs（1991）は軍拡競争が戦争に発展する諸条件について整理している。

（2） 特定の軍備の質と量を特定レベルまで縮小する軍縮も安定化に有効であるが、相互性と透明性を確保できるように行われないと不安定化を招く。

（3） 執行モデルと管理モデルを対比したものとして Chayes and Chayes（1993）や Simmons（1998）がある。

（4） 執行モデルを軍備管理協定の分析に応用した研究に Downs and Rocke（1990）がある。執行モデルの一般的国際協力問題への応用には Keohane（1984）や Oye（1986）がある。

（5） ここで想定される二国間関係は、図1のような「囚人のジレンマ」と呼ばれるゲーム理論の一般的モデルで記述される。

図1

		B国	
		制限	軍拡
A国	制限	（3，3）	（1，4）
	軍拡	（4，1）	（2，2）

このゲームで両国は互いに相談しないで、自国の利得を最大化するように個別に意思決定する。A国は、B国の違反行為に対して早急に対抗措置を発動する合理的誘因を持つため（一方的遵守としての［制限］は1、対抗措置としての［軍拡］は2を与える）、対抗措置の信憑性は必ず確保される。これを受けてB国は、違反となる軍拡は必ず制裁され、一方的な軍拡で得られる戦略的優位（4）は一時的なものとなると認識する。そして、B国が長期的展望を持っているならば、継続して遵守することが違反に比べて有利であると判断する。このゲームは対称であるため、同様のことがA国にも当てはまり、両者が長期的展望を共有している場合に限って、相互主義によって両国の遵守が成立する（部分ゲーム完全均衡）。

（6）　不完全情報下の執行モデルの分析に関しては Downs and Rocke（1990）や鈴木（二〇〇五）がある。

（7）　David E. Sanger and William J. Broad, “U. S. Had Doubts on North Korean Uranium Drive,” *New York Times*, March 1, 2007.

（8）　Franck（1990）は、国際法の正当性について精緻な考察を行っているが、かなり厳格な基準を適用しているため、実際に基準を満たすことは難しい。この点で正当性基準を緩和した管理モデルは、実現可能性を高めている。

（9）　フリー・ライド問題に関しては Olson（1965）を参照。

第5章

（1）　国連ＰＫＯの任務や変化を記述した研究に Durch（1993）, Diehl（1993）, 川端・持田（一九九七）、神余（一九九五）などがある。

（2）　国連ＰＫＯの国際法的な解釈として大沼（二〇〇五、五四七—五五〇頁）や Ratner（1995, 56-58）を参照。

（3）　ＰＫＯの基本原則は、同意、中立、武力不行使の三原則であるとする見方もある。

（4）　これらの原則が必ずしも厳格に遵守されてＰＫＯ

が展開されてきたわけではなく、実際に原則から逸脱した活動が行われていた。たとえば、コンゴに派遣された国連コンゴ活動（ONUC）はほぼすべての原則から逸脱した。国連はコンゴ政府や分離勢力が了承していない地域にONUCを派遣して内政不干渉原則から逸脱したし、武力不行使原則にしても、当初の安保理決議は武力行使を承認しなかったにもかかわらず、状況が悪化するにつれ武器の使用を認め、ONUCはカタンガ分離勢力を攻撃するに至った。ゆえに、ONUCは、平和維持と平和執行を混同した活動であったとされている。また、国連活動としてのPKOという原則も遵守されなかった事例もある。レバノンに派遣された暫定部隊（UNIFIL）はイスラエル軍の南レバノン地域への侵攻からパレスチナ難民を避難させることができず、米国、フランス、イタリア軍から成る多国籍軍（MNF）の投入を仰ぐことになった。しかし、これらの逸脱は例外として処理され、再発に楔《くさび》が打たれた。そのため、PKOは、概ね五原則に則って遂行されてきたと言える。

（5）　停戦合意に内在する調整問題は、図2のようなゲーム理論の一般的モデルで記述できる。

両国がともに［遵守］を選択すれば、停戦が継続し、両国は安全を確保できるのであるが、ともに［違反］を選択すれば、武力抗争が再開され、停戦前と同様に、重大な戦災を被ることになる。これとは別に、一方が［遵守］を選択し、他方が［違反］を選択した場合、後者は先制攻撃によって武力抗争を再開し、戦禍を受けながらも武力抗争を優位に展開できる。この場合、停戦協定締結前のように戦争が泥沼化するため、一方的違反を決断した後者でさえ、停戦の継続よりも低い利得しか得られない、このゲームで予測される合理的な帰結、すなわちゲームのナッシュ均衡解は、［遵守、遵守］と［違反、違反］のふたつである。一見、両国は最大利得を約束してくれる［遵守、遵守］を選択するように思えるが、各国は相手がどのように振る舞うか分からない状況では、一方的に裏切られる事態を嫌って、［違反、違反］を選択することがあり得る。この

図2

		B国	
		遵守	違反
A国	遵守	（4，4）	（1，3）
	違反	（3，1）	（2，2）

図3

A国＼B国	遵守	違反
遵守	(3, 3)	(1, 4)
違反	(4, 1)	(2, 2)

ゲームから［違反、違反］の均衡解を排除できないということは、両国が最適解を達成するように互いの行動を調整できないことを意味している。

(6) 停戦合意に内在する協力問題は、第4章の注(5)で紹介した囚人のジレンマ・ゲームで記述できる（図3）。予想される帰結（ナッシュ均衡解）は、唯一、［違反、違反］となる。前章では、この囚人のジレンマは、執行モデルの相互主義的対抗措置によって解決可能であることを示したが、ここでは、制度が果たすコミットメント機能が考察の焦点となる。

(7) この場合、当事国の関係は注(5)や注(6)のゲーム・モデルのようにはならない。

(8) ここでの反駁を支持するように、V・フォートナは、選択バイアスを排除したとしても、従来型PKOは、多角化した新世代のPKOと並んで、平和の持続性に有意な効果を発揮したという知見を精緻な計量分析から析出している（Fortna 2004）。その他、PKOの効果を検証した研究としてHass (1986), Doyle and Sambanis (2006) が、紛争再発防止に効果がないとする研究としてDiehl, Reifschneider, and Hensel (1996) がある。

(9) 自律的制度に関してはSugden (1986, 1989) を参照。

第6章

(1) 紛争の義務的解決に関する選択議定書を作成して、ICJの管轄権を前もって確保する実効的方法がある。実効性はなかったが、テヘラン米大使館占拠事件（一九七九～一九八〇年）でICJが管轄権を行使することができた根拠に、こうした議定書を持った領事関係条約があった（大沼 二〇〇五、四九六頁）。

(2) 第1節はGilady and Russett (2002, 395-396) から示唆を得ている。

(3) こうした紛争解決は稀であり、仲裁でも純粋な紛争解決は困難である（大沼 二〇〇五、四七九頁）。

(4) (2)を(3)の一部とする見解があるが、本章では区別して扱う。

（5）　事例の記述は Aggestam (2002) に依拠している。

（6）　事例の記述は Slim (1992) に依拠している。

（7）　内戦に対して Luttwak (1999) は、第三者が介入せず、当事者同士の徹底抗戦によって処理することを論じているが、現代の国際社会はこうした意見に否定的となってきている。

（8）　強制を用いた仲介が権力政治に様変わりするリスクについて指摘している研究に Carnevale (2002, 33-35), Darby and MacGinty (2003b, 3-5), Guelke (2003, 53-56) がある。

第7章

（1）　民主的平和論の実証的研究は、限られたスペースで列挙することは困難なほど膨大であるが、次の著書を挙げておく。Ray (1995), Russett (1993), Russett and Oneal (2001), Owen (1997), Lipson (2005). 民主的平和論を検証した実証的計量研究には、民主国家間の戦争の蓋然性に関してコンセンサスはない。研究によって、民主国家間の戦争は、⑴稀である、⑵きわめて稀である、というように、蓋然性の認識に齟齬がある。民主的平和論の本格的邦文研究はまだ公刊されていないようである。ただし、レビュー論文として岸川（一九九九）や栗崎（二〇〇五）がある。

（2）　ここでいう社会構成主義の方法論はR・バスカー (Bhaskar 1979) の批判的実存論 (critical realism) に依拠したものである。この種の社会構成主義的方法論を国際関係学に応用した研究に次のものがある。Wendt (1992, 1994, 1999), Adler (1991), Ruggie (1999).

（3）　ウェント (Wendt 1999, 254) は、多重実現可能性 (mutiple realizability) という概念を用いて特定の国際的政治文化の構築過程の多様性を論じている。

（4）　社会構成主義的方法論を適用したＧＣＣに関する研究として Barnett and Gause (1998), ＡＳＥＡＮに関する研究として Acharya (1998) がある。

（5）　制度主義的民主的平和論を包含した研究として Slaughter (1995) と Lipson (2005) がある。Ａ・スローターは、基本的に制度主義を主体とした理論構築を行っているが、部分的に構成主義的論理も取り入れている。

（6）情報論を用いた代表的な戦争分析として Fearon (1995) がある。

（7）観衆費用の実証的推定を信憑性のある方法で行った研究として Gelpi and Griesdorf (2001) がある。

（8）「不確かな平和」、「暫定的平和」、「安定的平和」の定義は、本書の序章を参照。

（9）Cederman and Rao (2001) は、民主国家の成熟化と共に民主的平和の安定性が向上するという知見を多変量解析から析出している。

（10）鈴木（二〇〇五）は、民主国家と非民主国家の関係を管理する国際制度をゲーム理論を適用して分析している。

第8章

（1）具体的平和構築活動については国際協力事業団国際協力総合研修所（二〇〇一）、稲田（二〇〇四）、篠田（二〇〇三）、広島市立大学広島平和研究所（二〇〇三）、山田他（二〇〇五）が詳しい。平和構築の国際法学的考察としては桐山（二〇〇一）がある。

（2）憲法工学の政治学的著作として Sartori (1997) や Lijphart (1999) がある。

（3）多数決型と多極共存型に関する説明は本節の後半で行う。

（4）たとえば、旧ユーゴスラヴィアからスロヴェニア、クロアチア、ボスニア・ヘルツェゴヴィナ、マケドニアが分離独立し、インドネシアから東ティモールが、エチオピアからエリトリアが分離独立した。

（5）これまで行われた国連平和構築活動において、深刻な紛争を経験した多民族社会に多数決型が導入された事例はきわめて少ない（Sisk 2001, 788-789）。

（6）Hartzell and Hoddie (2003) と Walter (2002) による計量研究は、権限共有制の導入と紛争後の社会の不戦状態の存続との間に正の相関を析出している。

（7）デイトン和平協定では、協定締結から一一カ月以内に選挙を実施することとなっていた。これは大統領選挙を間近に控えた米国政府に米軍撤退の国内圧力が掛かっていたためであるとされている。新国家樹立後、ボスニア人は分離独立、クロアチア人はクロアチア共和国への統合、セルビア人はセルビア共和国への統合を求めるようになったため、政治統合はうまくいかなかったとされている。詳しくは Cousens (2001), 依田（二〇〇〇）、月村（二〇〇六）、Woodward (1999) を参照。

第9章

（1）この思想を反映した現代的著作として Rosecrance (1986, 1999) や Ohmae (1990) がある。

（2）市場経済を基盤とした国際的相互依存論に対して、資本主義は国際関係を主従関係に転換させると論じる従属論や世界システム論がある。世界システム論の代表的著書としてウォーラーステイン（一九九九）がある。近年、経済グローバル化の中で資本主義が人間生活の深部まで浸透し、帝国主義的権威を発揮しているとする「帝国論」がネグリ・ハート（二〇〇三）によって提起されている。

（3）自由主義経済学でも調整的公共政策の是非について論争が展開され、必ずしもコンセンサスがあるわけではない。たとえば、ケインズ学派と新古典学派では大きく立場は異なる。

（4）国際政治経済学的視点からのレビューに伊藤元重（二〇〇〇）や Rodrik (1995) がある。

（5）緩やかな議定書の締結を余儀なくさせた一因として、米議会が強力な国際貿易法を制定することに消極的だったことが挙げられる（Jackson 2000, 17–18）。

（6）ガットの基本原則が自由化の促進に効果があったことについての経済学的分析として Bagwell and Staiger (2002) がある。

（7）東京ラウンドで紛争解決手続きに法準拠概念が導入され、ＷＴＯは東京ラウンドの流れを受けて法準拠性を格段に強化したと見るのが妥当である。

（8）ＷＴＯの新たな多角的通商交渉であるドーハ・ラウンドでも、農業貿易の大幅な自由化にいくつかの先進国が難色を示し、農業貿易の拡大を望む途上国や他の先進国と厳しく対立している。

結　章

（1）新保守主義を代表する著書として Kristol (1995) や Kagan (2003) がある。

（2）テロリズムの原因は多様であり、経済グローバル化だけがテロリズムの原因ではない。その他に宗派間対立、分離独立、圧政などを原因としたテロリズムがある。加藤（二〇〇二）や Hoffman（1998）を参照。

参考文献

Abbott, Kenneth W., and Duncan Snidal. 1998. "Why States Act Through Formal International Organizations." *Journal of Conflict Resolution* 42 : 3-32.

Acemoglu, Daron, and James A. Robinson. 2005. *The Economic Origins of Dictatorship and Democracy.* Cambridge University Press.

Acharya, Amitav. 1998. "Collective Identity and Conflict Management in Southeast Asia." In Adler and Barnett (1998a).

Adler, Emanuel. 1991. "Cognitive Evolution : A Dynamic Approach for the Study of International Relations and Their Progress." In Emanuel Adler and Beverly Crawford, eds. *Progress in Postwar International Relations.* Columbia University Press.

Adler, Emanuel, and Michael Barnett. 1998a. "A Framework for the Study of Security Communities." In Adler and Barnett (1998b).

——, eds. 1998b. *Security Communities.* Cambridge University Press.

Aggestam, Karin. 2002. "Quasi-Informal Mediation in the Oslo Channel." In Bercovitch (2002).

Allison, Graham T., and Phillip Zelikow. 1999. *Essence of Decision : Explaining the Cuban Missile Crisis,* 2nd ed. Longman.

Almond, Gabriel, and Sidney Verba. 1963. *The Civic Culture.* Princeton University Press. 石川一雄他訳『現代市民の政治文化――五カ国における政治的態度と民主主義』勁草書房、一九七四。

Alt, James E., Randall L. Calvert, and Brian D. Humes. 1988. "Reputation and Hegemonic Stability : A Game-Theoretic Analysis." *American Political Science Review* 82 : 445-466.

Angell, Norman. 1911. *The Great Illusion,* 3rd ed. William Heinemann.

Aron, Raymond. 1966. *Peace and War.* Weidenfeld & Nicolson.

Art, Robert. 2004. "Europe Hedges Its Security Bets." In Paul, Wirtz, and Fortmann (2004).

浅田正彦。二〇〇〇。「ポスト冷戦期の核不拡散体制」納家・梅本（二〇〇〇）。

Bagwell, Kyle, and Robert W. Staiger. 2002. *The Economics of the World Trading System*. MIT Press.

Baldwin, David A., ed. 1993. *Neorealism and Neoliberalism*. Columbia University Press.

Barber, Benjamin. 1996. *Jihad vs. McWorld*. Ballantine Boohs. 鈴木主税訳『ジハード対マックワールド――市民社会の夢は終わったのか』三田出版会、一九九七。

Barnett, Michael, and F. Gregory Gause. 1998. "Caravans in Opposite Directions : Society, State and the Development of a Community in the Gulf Cooperation Council." In Adler and Barnett (1998b).

Bennett, D. Scott, and Allan C. Stam. 2004. *The Behavioral Origins of War*. University of Michigan Press.

Bercovitch, Jacob, ed. 2002. *Studies in International Mediation*. Macmillan.

Bercovitch, Jacob, and Allison Houston. 2000. "Why Do They Do It Like This ?: An Analysis of Factors Influencing Mediation Behavior in International Conflicts." *Journal of Conflict Resolution* 44 : 170-202.

Betts, Richard K. 2002. "The Soft Underbelly of American Primacy : Tactical Advantage of Terror." *Political Science Quarterly* 117 : 9-36.

Bhaskar, Roy. 1979. *The Possibility of Naturalism*. Humanities Press.

Bieber, Florian. 2005. "Partial Implementation, Partial Success : The Case of Macedonia." In Donald Horowitz, et al., eds. *Power-Sharing : New Challenges for Divided Societies*. Pluto.

Blainey, Geoffrey. 1973. *The Causes of War*. Free Press. 中野泰雄・川畑寿・呉忠根訳『戦争と平和の条件――近代戦争原因の史的考察』新光閣書店、一九七五。

防衛大学校安全保障学研究会編。二〇〇三。『安全保障学入門（最新版）』亜紀書房。

Brecher, Michael, and Jonathan Wilkenfeld. 2000. *A Study of Crisis*. University of Michigan Press.

Brown, Michael E., Sean M. Lynn-Jones, and Steven E.

Miller, eds. 1995. *The Perils of Anarchy: Contemporary Realism and International Security.* MIT Press.

Brown, Michael E., Owen R. Coté, Jr., Sean M. Lynn-Jones, and Steven E. Miller, eds. 2002. *Offense, Defense and War.* MIT Press.

Brubaker, Rogers, and David D. Laitin. 1998. "Ethnic and Nationalist Violence." *Annual Review of Sociology* 24 : 423-452.

Bueno de Mesquita, Bruce, James D. Morrow, Randolph M. Siverson, and Alastair Smith. 1999. "An Institutional Explanation of the Democratic Peace." *American Political Science Review* 93 : 791-807.

——. 2003. *The Logic of Political Survival.* MIT Press.

Bull, Hedley. 1977. *The Anarchical Society : A Study of Order in World Politics.* Mcmillan. 臼杵英一訳『国際社会論――アナーキカル・ソサイエティ』岩波書店、二〇〇〇。

Carlsnaes, Walter, Thomas Risse, and Beth A. Simmons, eds. 2002. *Handbook of International Relations.* Sage.

Carnevale, Peter J. 2002. "Mediating From Strength." In Bercovitch (2002).

Carr, E. H. [1939] 2001. *The Twenty Years' Crisis, 1919-1939 : An Introduction to the Study of International Relations.* Macmillan. 井上茂訳『危機の二十年　一九一九―一九三九』岩波文庫、一九九六。

Cederman, Lars-Erik, and Mohan Penubarti Rao. 2001. "Exploring the Dynamics of the Democratic Peace." *Journal of Conflict Resolution* 45 : 818-833.

Chayes, Abram, and Antonia H. Chayes. 1993. "On Compliance." *International Organization* 47 : 175-205.

——. 1995. *The New Sovereignty.* Harvard University Press.

Christensen, Thomas J., and Jack Snyder. 1990. "Chain Gangs and Passed Bucks : Predicting Alliance Patterns in Multipolarity." *International Organization* 44 : 137-168.

Clark, Ian. 2001. *The Post-Cold War Order.* Oxford University Press.

Claude, Inis L., Jr. 1962. *Power and International Relations.* Random House.

Cooper, Richard N. 1968. *The Economics of Interdependence.* McGraw-Hill.

Cousens, Elizabeth. 2001. *Toward Peace in Bosnia.* Lynne Rienner.

Crenshaw, Martha. 1998. "The Logic of Terrorism." In Walter Reich, ed. *Origins of Terrorism.* Woodrow Wilson Center Press.

Cronin, Bruce. 1999. *Community under Anarchy.* Columbia University Press.

Cummings, Bruce. 1990. *The Origins of the Korean War,* Vol. II. Princeton University Press.

Daas, Christopher. 1999. "Spontaneous Institutions: Peacekeeping as an International Convention." In Haftendorn, Keohane, and Wallander (1999).

Darby, John, and Roger MacGinty, eds. 2003a. *Contemporary Peacemaking.* Palgrave.

——. 2003b. "Introduction: What Peace ? What Process ?" In Darby and MacGinty (2003a).

de Figueiredo, Rui J. P., Jr., and Barry R. Weingast. 1999. "The Rationality of Fear." In Walter and Snyder (1999).

Deutsch, Karl W., et al. 1957. *Political Community and the North Atlantic Area.* Princeton University Press.

Diamond, Larry. 1996. "Three Paradoxes of Democracy." In Diamond and Plattner (1996).

——. 2003. "Universal Democracy ?" *Policy Review* 119: 3-25.

Diamond, Larry, and Marc F. Plattner, eds. 1996. *The Global Resurgence of Democracy,* 2nd ed. Johns Hopkins University Press.

Diehl, Paul F. 1993. *International Peacekeeping.* Johns Hopkins University Press.

Diehl, Paul F., Jennifer Reifschneider, and Paul R. Hensel. 1996. "United Nations Intervention and Recurring Conflict." *International Organization* 50: 683-700.

Downs, George W. 1991. "Arms Race and War." In Phillip E. Tetlock, Jo L. Husbands, and Robert Jervis, eds. *Behavior, Society and Nuclear War.* Oxford University Press.

Downs, George W., and David M. Rocke. 1990. *Tacit Bargaining, Arms Races, and Arms Control.* University of Michigan Press.

——. 1995. *Optimal Imperfection ?: Domestic Uncertainty and*

Institutions in International Relations. Princeton University Press.

Doyle, Michael W. 1983. "Kant, Liberal Legacies, and Foreign Affairs: Parts 1 and 2." *Philosophy and Public Affairs* 12: 205-235, 323-353.

——. 1986. "Liberalism and World Politics." *American Political Science Review* 80: 1151-1169.

——. 1997. *Ways of War and Peace.* Norton.

——. 1998. "Discovering the Limits and Potential of Peacekeeping." In Olara A. Otunnu and Michael W. Doyle, eds. *Peacemaking and Peacekeeping for the New Century.* Roman & Littlefield.

——. 1999. "War and Peace in Cambodia." In Walter and Snyder (1999).

Doyle, Michael W., and Nicholas Sambanis. 2006. *Making War and Building Peace.* Princeton University Press.

Doyle, Michael W., Ian Johnstone, and Robert Orr. 1997. *Keeping the Peace: Multidimensional UN Operations in Cambodia and El Salvador.* Cambridge University Press.

Durch, William J., ed. 1993. *The Evolution of UN Peacekeeping.* St. Martin's Press.

Elman, Miriam F., ed. 1997. *Paths to Peace: Is Democracy the Answer?* MIT Press.

Fearon, James D. 1994. "Domestic Political Audiences and the Escalation of International Disputes." *American Political Science Review* 88: 577-592.

——. 1995. "Rationalist Explanations for War." *International Organization* 49: 379-414.

——. 1997. "Signaling Foreign Policy Interests: Tying Hands versus Sinking Costs." *Journal of Conflict Resolution* 41: 68-90.

——. 1998a. "Bargaining, Enforcement, and International Cooperation." *International Organization* 52: 269-305.

——. 1998b. "Commitment Problems and the Spread of Ethnic Conflict." In Lake and Rothchild (1998).

Fearon, James D., and David D. Laitin. 1996. "Explaining Interethnic Cooperation." *American Political Science Review* 90: 715-735.

——. 2003. "Ethnicity, Insurgency, and Civil War." *American Political Science Review* 97: 75-90.

——. 2004. "Neotrusteeship and the Problem of Weak States." *International Security* 28 : 5-43.

Fearon, James D., and Alexander Wendt. 2002. "Rationalism vs. Constructivism : A Skeptical View." In Carlsnaes, Risse, and Simmons (2002).

Finnemore, Martha. 2004. *The Purpose of Intervention : Changing Beliefs about the Use of Force.* Cornell University Press.

Fischer, Fritz. 1967. *Germany's Aims in the First World War.* Norton.

Fortna, Virginia Page. 2004. *Peace Time : Cease-Fire Agreements and the Durability of Peace.* Princeton University Press.

Franck, Thomas M. 1990. *The Power of Legitimacy among Nations.* Oxford University Press.

——. 2003. "Interpretation and Change in the Law of Humanitarian Intervention." In Holzgrefe and Keohane (2003).

Freedman, Lawrence. 2007. *The Official History of the Falklands Campaign : Volume 1, The Origins of the Falklands War.* Routledge.

Friedman, Milton, and Anna Schwartz. 1963. *The Monetary History of the United States, 1867-1960.* Princeton University Press.

Fukuyama, Francis. 1992. *The End of History and the Last Man.* Free Press.

船橋洋一。一九九七。『同盟漂流』岩波書店。

Gaddis, John Lewis. 1987. *The Long Peace : The Inquiry into the History of the Cold War.* Oxford University Press. 五味俊樹他訳『ロング・ピース——冷戦史の証言「核・緊張・平和」』芦書房、二〇〇二。

——. 1997. *We Now Know : Rethinking Cold War History.* Oxford University Press. 赤木完爾・齊藤祐介訳『歴史としての冷戦——力と平和の追求』慶應義塾大学出版会、二〇〇四。

Gallup, Jeffrey C. 2002. "Cambodia's Electoral System." In Aurel Croissant, ed. *Electoral Politics in Southeast and East Asia.* Office for Regional Co-operation in Southeast Asia.

Galtung, Johan. 1969. "Violence, Peace and Peace Research."

Journal of Peace Research 6 : 167-191.

——. 1976. "Three Approaches to Peace : Peacekeeping, Peacemaking, and Peacebuilding." In Galtung, ed. *Peace, War, and Defense,* vol. 2. Christian Ejlers.

——. 1985. "Twenty-Five Years of Peace Research : Ten Challenges and Some Responses." *Journal of Peace Research* 22 : 141-158.

Gelpi, Christopher F., and Michael Griesdorf. 2001. "Winners or Losers? Democracies in International Crisis, 1918-1994." *American Political Science Review* 95 : 633-647.

George, Alexander L. 2000. "Foreword." In Arie Kacowicz, ed. *A Stable Peace among Nations.* Rowman & Littlefield.

George, Alexander L., and William E. Simons, eds. 1994. *The Limits of Coercive Diplomacy.* Westview.

George, Alexander L., and Richard Smoke. 1974. *Deterrence in American Foreign Policy.* Columbia University Press.

Gilady, Lilach, and Bruce Russett. 2002. "Peace-Making and Conflict Resolution." In Carlsnaes, Risse, and Simmons (2002).

Gilpin, Robert. 1981. *War and Change in World Politics.* Cambridge University Press. 大蔵省世界システム研究会訳『世界システムの政治経済学——国際関係の新段階』東洋経済新報社、一九九〇。

Goldsmith, Jack, and Stephen D. Krasner. 2003. "The Limits of Idealism." *Daedalus* 132 : 47-63.

Goulding, Marrack. 1993. "The Evolution of United Nations Peacekeeping." *International Affairs* 69 : 451-464.

Grieco, Joseph M. 1990. *Cooperation among Nations.* Cornell University Press.

Guelke, Adrian. 2003. "Negotiations and Peace Processes." In Darby and MacGinty (2003a).

Gullick, Edward V. 1955. *Europe's Classical Balance of Power.* Cornell University Press.

Haas, Ernst B. 1986. *Why We Still Need the United Nations : The Collective Management of International Conflict, 1945-1984.* Institute of International Studies, University of California, Berkeley.

Haftendorn, Helga, Robert O. Keohane, and Celeste A. Wallander, eds. 1999. *Imperfect Unions : Security Institu-*

tions over Time and Space. Oxford University Press.

Hall, John A. 1996. *International Orders.* Polity.

Hart, H. L. A. 1961. *The Concept of Law.* Clarendon Press. 矢崎光圀監訳『法の概念』みすず書房、一九七六。

Hartzell, Caroline, and Matthew Hoddie. 2003. "Institutionalizing Peace: Power Sharing and Post-Civil War Conflict Management." *American Journal of Political Science* 47: 318-332.

Hayek, Friedrich A. 1960. *The Constitution of Liberty.* Chicago University Press. 気賀健三・古賀勝次郎訳『自由と法(新装版)』春秋社、一九九七。

広島市立大学広島平和研究所編。二〇〇三。『人道危機と国際介入——平和回復の処方箋』有信堂。

Hirschman, Albert O. [1970] 2006. *Exit, Voice, and Loyalty: Responses to Decline in Firms, Organizations, and States,* new edition. Harvard University Press. 矢野修一訳『離脱・発言・忠誠——企業・組織・国家における衰退への反応』ミネルヴァ書房、二〇〇五。

Hiscox, Michael J. 2002. *International Trade and Political Conflict.* Princeton University Press.

ホッブズ(水田洋訳)。[一六五一]一九八二—一九九二。『リヴァイアサン』岩波文庫。

Hoffman, Bruce. 1998. *Inside Terrorism.* Columbia University Press.

Holzgrefe, J. L., and Robert O. Keohane, eds. 2003. *Humanitarian Intervention: Ethical, Legal, and Political Dilemmas.* Oxford University Press.

Horowitz, Donald L. 1993. "Democracy in Divided Societies." *Journal of Democracy* 4: 18-38.

——. 1996. "Comparing Democratic Systems." In Diamond and Plattner (1996).

Hume, Cameron R. 1992. "Perez de Cuellar and the Iran-Iraq War." *Negotiation Journal* 8: 172-184.

Huntington, Samuel P. 1993. *The Third Wave: Democratization in the Late Twentieth Century.* University of Oklahoma Press. 坪郷實・中道寿一・藪野祐三訳『第三の波——二〇世紀後半の民主化』三嶺書房、一九九五。

——. 1999. "The Lonely Superpower." *Foreign Affairs* 78: 35-79.

Huth, Paul K. 1988. *Extended Deterrence and the Prevention of War*. Yale University Press.
Ignatieff, Michael. 2003a. "Empire Lite." *New York Times Magazine*, January 5, 2003.
——. 2003b. "State Failure and Nation-Building." In Holzgrefe and Keohane (2003).
Ikenberry, G. John. 2001. *After Victory: Institutions, Strategic Restraint, and the Rebuilding of Order after Major Wars*. Princeton University Press.
——. 2002. "America's Imperial Ambition." *Foreign Affairs* 81 : 44-60.
稲田十一編。二〇〇四。『紛争と復興支援——平和構築に向けた国際社会の対応』有斐閣。
猪口邦子。一九八九。『戦争と平和』東京大学出版会。
石田淳。二〇〇四。「内政干渉の国際政治学——冷戦終結と内戦」藤原帰一・李鍾元・古城佳子・石田淳編『国際政治講座④ 国際秩序の変動』東京大学出版会。
伊藤憲一編。二〇〇〇。『現代予防外交論——冷戦後世界のキーワード』日本国際フォーラム。
伊藤元重（伊藤研究室）。二〇〇〇。『通商摩擦はなぜ起きるのか——保護主義の政治経済学』NTT出版。
Jackson, John H. 2000. *The Jurisprudence of GATT and the WTO: Insights on Treaty Law and Economic Relations*. Cambridge University Press.
Jervis, Robert. 1976. *Perception and Misperception in International Politics*. Princeton University Press.
——. 1978. "Cooperation under the Security Dilemma." *World Politics* 30 : 167-214.
——. 1991-1992. "The Future of World Politics." *International Security* 16 : 39-73.
——. 2002. "Theories of War in an Era of Leading-Power Peace." *American Political Science Review* 96 : 1-14.
Jervis, Robert, R. Ned Lebow, and Janice G. Stein, eds. 1989. *Psychology and Deterrence*. Johns Hopkins University Press.
Kagan, Robert. 2003. *Paradise and Power*. Atlantic.
Kaldor, Mary. 1999. *New and Old Wars: Organized Violence in a Global Era*. Polity. 山本武彦・渡部正樹訳『新戦争論——グローバル時代の組織的暴力』岩波書店、二〇〇三。

カント（宇都宮芳明訳）。〔一七九五〕一九八五。『永遠平和のために』岩波文庫。

加藤朗。二〇〇二。『テロ――現代暴力論』中公新書。

Katona, Peter, Michael D. Intriligator, and John P. Sullivan. 2006. *Countering Terrorism and WMD*. Routledge.

Kaufmann, Chaim. 1996. "Possible and Impossible Solutions to Ethnic Civil Wars." *International Security* 20 : 136-175.

川端清隆・持田繁。一九九七。『ＰＫＯ新時代――国連安保理からの証言』岩波書店。

Kennedy, Paul. 1987. *The Rise and Fall of Great Powers*. Random House. 鈴木主税訳『大国の興亡――一五〇〇年から二〇〇〇年までの経済の変遷と軍事闘争（決定版）』草思社、一九九三。

Keohane, Robert O. 1984. *After Hegemony*. Princeton University Press. 石黒馨・小林誠訳『覇権後の国際政治経済学』晃洋書房、一九九八。

――, ed. 1986. *Neorealism and Its Critics*. Columbia University Press.

――. 2001. "Governance in a Partially Globalized World." *American Political Science Review* 95 : 1-14.

Keohane, Robert O., and Joseph S. Nye, Jr. 〔1977〕 2000. *Power and Interdependence : World Politics in Transition*, 3rd ed. Longman.

Kindleberger, Charles P. 1973. *The World in Depression 1929-1939*. Allen Lane. 石崎昭彦・木村一朗訳『大不況下の世界　一九二九―一九三九』東京大学出版会、一九八二。

――. 1981. "Dominance and Leadership in the International Economy : Exploitation, Public Goods, and Free Rides." *International Studies Quarterly* 25 : 242-254.

桐山孝信。二〇〇一。『民主主義の国際法――形成と課題』有斐閣。

岸川毅。一九九九。「民主国家と安全保障」納家・竹田（一九九九）。

Kissinger, Henry A. 1957. *Nuclear Weapons and Foreign Policy*. Harper. 森田隆光訳『核兵器と外交政策』駿河台出版、一九八八。

キッシンジャー、ヘンリー・A（岡崎久彦監訳）。一九九六。『外交』日本経済新聞社。

河野勝。二〇〇二。『制度』東京大学出版会。

国際協力事業団国際協力総合研修所。二〇〇一。『「平和構築」報告書』国際協力事業団国際協力総合研修所。
Koremenos, Barbara. 2001. "Loosening the Ties That Bind : A Learning Model of Agreement Flexibility." *International Organization* 55 : 289-325.
高坂正堯。一九七八。『古典外交の成熟と崩壊』中央公論社。
小寺彰。二〇〇〇。『WTO体制の法構造』東京大学出版会。
Krasner, Stephen D. 1976. "State Power and the Structure of International Trade." *World Politics* 28 : 317-347.
——. 1999. *Sovereignty.* Princeton University Press.
Krauthammer, Charles. 2002-2003. "The Unipolar Moment Revisited." *National Interest* 70 : 5-17.
Kristol, Irving. 1995. *Neoconservatism.* Free Press.
Krugman, Paul R., ed. 1986. *Strategic Trade Policy and the New International Economics.* MIT Press. 高中公男訳『戦略的通商政策の理論』文眞堂、一九九五。
栗崎周平。二〇〇五。「民主主義的平和」山本吉宣・河野勝編『アクセス安全保障論』日本経済評論社。
Kydd, Andrew. 2003. "Which Side Are You On?: Bias, Credibility, and Mediation." *American Journal of Political Science* 47 : 597-611.
Lake, David A., and Donald Rothchild, eds. 1998. *The International Spread of Ethnic Conflict.* Princeton University Press.
Lardeyret, Guy. 1996. "The Problem with PR." In Diamond and Plattner (1996).
Layne, Christopher. 1993. "The Unipolar Illusion : Why New Great Powers Will Rise." *International Security* 17 : 5-51.
——. 1997a. "From Preponderance to Offshore Balancing." *International Security* 22 : 86-124.
——. 1997b. "Lord Palmerston and the Triumph of Realism : Anglo-French Relations." In Elman (1997).
——. 2004. "The War on Terrorism and the Balance of Power." In Paul, Wirtz, and Fortmann (2004).
Lebow, R. Ned. 1989. "Miscalculation in the South Atlantic : The Origins of the Falklands War." In Jervis, Lebow, and Stein (1989).

Leeds, Brett Ashley. 2003. "Alliance Reliability in Times of War: Explaining State Decisions to Violate Treaties." *International Organization* 57: 801-827.

レーニン（角田安正訳）。二〇〇六。『帝国主義論』光文社古典新訳文庫。

Levy, Jack S. 1988. "Domestic Politics and War." *Journal of Interdisciplinary History* 18: 653-673.

Lijphart, Arend. 1977. *Democracy in Plural Societies: A Comparative Exploration.* Yale University Press. 内山秀夫訳『多元社会のデモクラシー』三一書房、一九七九。

——. 1984. *Democracies: Patterns of Majoritarian and Consensus Government in Twenty-One Countries.* Yale University Press.

——. 1996. "Constitutional Choices for New Democracies." In Diamond and Plattner (1996).

——. 1999. *Patterns of Democracy: Government Forms and Performance in Thirty-Six Countries.* Yale University Press. 粕谷祐子訳『民主主義対民主主義——多数決型とコンセンサス型の三六ヶ国比較研究』勁草書房、二〇〇五。

Lipset, 1996. "The Centrality of Political Culture." In Diamond and Plattner (1996).

Lipson, Charles. 2005. *Reliable Partners: How Democracies Made a Separate Peace.* Princeton University Press.

Liska, George. 1957. *International Equilibrium: A Theoretical Essays on the Politics and Organization of Security.* Harvard University Press.

リスト、フリードリッヒ（小林昇訳）。〔一八四一〕一九七〇。『経済学の国民的体系』岩波書店。

Lowi, Theodore J. 1969. *The End of Liberalism.* Norton. 村松岐夫監訳『自由主義の終焉——現代政府の問題性』木鐸社、一九八一。

Luard, Evan. 1986. *War in International Society.* I. B. Tauris.

Lundestad, Geir. 1990. *The American "Empire" and Other Studies of United States Foreign Policy in a Comparative Perspective.* Oxford University Press.

Luttwak, Edward N. 1999. "Give War a Chance." *Foreign Affairs* 78: 36-44.

Mandelbaum, Michael. 2003. *The Ideas That Conquered the World: Peace, Democracy, and Free Markets in the Twenty-*

First Century. Public Affairs.

Mansfield, Edward D., and Jack Snyder. 2005. *Electing to Fight*. MIT Press.

Martin, Lisa L., and Beth A. Simmons. 1998. "Theories and Empirical Studies of International Institutions." *International Organization* 52 : 729-757.

McGarry, John, and Brendan O'Leary. 2004. *The Northern Ireland Conflict : Consociational Engagements*. Oxford University Press.

Mearsheimer, John J. 1994-1995. "The False Promise of International Institutions." *International Security* 19 : 5-49.

——. 2001. *The Tragedy of Great Power Politics*. Norton.

Meltzer, Alan. 1976. "Monetary and Other Explanations of the Start of the Great Depression." *Journal of Monetary Economics* 2 : 455-471.

Merrills, J. G. 1998. *International Dispute Settlement*, 3rd ed. Cambridge University Press. 長谷川正国訳『国際紛争処理概論』成文堂、二〇〇三。

Midlarsky, Manus I. 2000. *Handbook of War Studies II*. University of Michigan Press.

Miller, Benjamin. 2004. "The International System and Regional Balance in the Middle East." In Paul, Wirtz, and Fortmann (2004).

宮坂直史。二〇〇五。『国際テロリズム論』亜紀書房。

Moïse, Edwin E. 1996. *Tonkin Gulf and the Escalation of Vietnam War*. University of North Carolina Press.

Morgenthau, Hans J. [1948] 2005. *Politics among Nations : The Struggle for Power and Peace*. Knopf. 現代平和研究会訳『国際政治——権力と平和（新装版）』福村出版、一九九八。

Morrow, James D. 2000. "Alliances : Why Write Them Down ?." *Annual Review of Political Science* 3 : 63-83.

——. 2001. "The Patterns of Compliance with Laws of War." Presented at the Annual Meetings of the American Political Science Association, San Francisco, September.

Morse, Edward L. 1976. *Modernization and the Transformation of International Relations*. Free Press.

Mousseau, Michael. 2002-2003. "Market Civilization and Its Clash with Terror." *International Security* 27 : 5-29.

Mueller, John. 1989. *Retreat from Doomsday: The Obsolescence of Major War.* Basic.
中西寛。二〇〇七。「安全保障概念の歴史的再検討」赤根谷達雄・落合浩太郎編『「新しい安全保障」論の視座（増補改訂版）』亜紀書房。
納家政嗣。二〇〇〇。「大量破壊兵器不拡散の思想と展開」納家・梅本（二〇〇〇）。
――。二〇〇三。『国際紛争と予防外交』有斐閣。
納家政嗣・竹田いさみ編。一九九九。『新安全保障論の構図』勁草書房。
納家政嗣・梅本哲也編。二〇〇〇。『大量破壊兵器不拡散の国際政治学』有信堂。
ネグリ、アントニオ、マイケル・ハート（水嶋一憲・酒井隆史・浜邦彦・吉田俊実訳）。二〇〇三。『帝国――グローバル化の世界秩序とマルチチュードの可能性』以文社。
Niebuhr, Reinhold. 1937. *Beyond Tragedy: Essays on the Christian Interpretation of History.* Charles Scribner's Sons.
人間の安全保障委員会。二〇〇三。『安全保障の今日的課題――人間の安全保障委員会報告書』朝日新聞社。
Niou, Emerson M. S., and Peter C. Ordeshook. 1990. "Stability in the Anarchic International System." *American Political Science Review* 84: 1207-1234.
Ohmae, Ken'ichi. 1990. *The Borderless World.* Harper Collins.
岡本三夫。一九九八。「平和」廣松渉他編『岩波哲学・思想事典』岩波書店。
Olson, Mancur. 1965. *The Logic of Collective Action: Public Goods and Theory of Groups.* Harvard University Press.
森脇俊雅・依田博訳『集合行為論――公共財と集団理論（新装版）』ミネルヴァ書房、一九九六。
大沼保昭。二〇〇五。『国際法――はじめて学ぶ人のための』東信堂。
大芝亮・藤原帰一・山田哲也編。二〇〇六。『平和政策』有斐閣。
Overy, R. J. [1987] 1998. *The Origins of the Second World War*, 2nd ed. Longman.
Overy, Richard J., and Andrew Wheatcroft. 1989. *The Road to War.* Macmillan.

Owen, John M. IV. 1997. *Liberal Peace, Liberal War*. Cornell University Press.

Oye, Kenneth, ed. 1986. *Cooperation under Anarchy*. Princeton University Press.

Pape, Robert A. 2003. "The Strategic Logic of Suicide Terrorism." *American Political Science Review* 97 : 343-361.

——. 2005. *Dying to Win*. Random House.

Paris, Roland. 2004. *At War's End : Building Peace after Civil Conflict*. Cambridge University Press.

Paul, T. V. 2004. "Introduction : The Enduring Axioms of Balance of Power Theory and Their Contemporary Relevance." In Paul, Wirtz, and Fortmann (2004).

Paul, T. V., James J. Wirtz, and Michael Fortmann, eds. 2004. *Balance of Power : Theory and Practice in 21st Century*. Stanford University Press.

Polanyi, Karl. 1944. *The Great Transformation*. Farrar and Rinehart. 吉沢英成他訳『大転換――市場社会の形成と崩壊』東洋経済新報社、一九七五。

Posen, Barry R. 1984. *The Sources of Military Doctrines*. Cornell University Press.

——. 1993. "The Security Dilemma and Ethnic Conflict." *Survival* 35 : 27-47.

——. 2001-2002. "The Struggle against Terrorism : Grand Strategy, Strategy, and Tactics." *International Security* 26 : 39-55.

Press, Daryl G. 2004-2005. "The Credibility of Power : Assessing the Threats during the Appeasement Crisis of the 1930s." *International Security* 29 : 136-169.

Princen, Thomas. 1992. *Intermediaries in International Conflict*. Princeton University Press.

Pruitt, Dean G. 2002. "Mediator Behavior and Success in Mediation." In Bercovitch (2002).

Putnam, Robert. 1993. *Making Democracy Work*. Princeton University Press. 河田潤一訳『哲学する民主主義――伝統と改革の市民的構造』ＮＴＴ出版、二〇〇一。

Quade, Quentin L. 1996. "PR and Democratic Statecraft." In Diamond and Plattner (1996).

Raiffa, Howard. 1982. *The Art and Science of Negotiation*. Harvard University Press.

Ratner, Steven R. 1995. *The New UN Peacekeeping : Building Peace in Lands of Conflict after the Cold War*. St. Martin's Press.

Ray, James L. 1995. *Democracy and International Conflict*. University of South Carolina Press.

——. 1998. "Does Democracy Cause Peace ?" *Annual Review of Political Science* 1 : 1-25.

リカード（竹内謙二訳）。［一八一七］二〇〇〇。『経済学及び課税の原理』千倉書房。

Risse, Thomas. 2002. "U. S. Power in a Liberal Security Community." In G. John Ikenberry, ed. *America Unrivaled : The Future of the Balance of Power*. Cornell University Press.

Risse-Kappen, Thomas. 1995. "Democratic Peace-Warlike Democracies ?: Social Constructivist Interpretation of the Liberal Argument." *European Journal of International Relations* 1 : 491-517.

Rodrik, Dani. 1995. "Political Economy of Trade Policy." In Gene M. Grossman and Ken Rogoff, eds. *Handbook of International Economics*, vol. 3. Elsevier.

Rogowski, Ronald. 1989. *Commerce and Coalitions*. Princeton University Press.

Rose, Richard. 1996. "Postcommunism and the Problem of Trust." In Diamond and Plattner (1996).

Rosecrance, Richard. 1986. *The Rise of the Trading State*. Basic. 土屋政雄訳『新貿易国家論』中央公論社、一九八七。

——. 1999. *The Rise of the Virtual State*. Basic. 鈴木主税訳『バーチャル国家の時代——二一世紀における富とパワー』日本経済新聞社、二〇〇〇。

Ross, Robert S. 2004. "Bipolarity and Balancing in East Asia." In Paul, Wirtz, and Fortmann (2004).

ルソー（小林善彦・井上幸治訳）。［一七五五—一七六二］二〇〇五。『人間不平等起原論・社会契約論』中央クラシックス。

Ruggie, John Gerard. 1991. "Embedded Liberalism Revisited." In Emmanuel Alder and Beverley Crawford, eds. *Progress in Postwar International Relations*. Columbia University Press.

——. 1996. *Winning the Peace*. Columbia University Press.

——. 1999. "What Makes the World Hang Together ?" In Peter J. Katzenstein, Robert O. Keohane, and Stephen D. Krasner, eds. *Exploration and Contestation in the Study of World Politics*. MIT Press.

Rummel, R. J. 1979. *Understanding Conflict and War. Vol. 4, War, Power, and Peace*. Sage.

——. 1983. "Libertarianism and International Violence." *Journal of Conflict Resolution* 27 : 27-71.

Russett, Bruce. 1993. *Grasping the Democratic Peace*. Princeton University Press. 鴨武彦訳『パクス・デモクラティア――冷戦後世界への原理』東京大学出版会、一九九六。

Russett, Bruce, and John R. Oneal. 2001. *Triangulating Peace*. Norton.

Sagan, Scott D. 2000. "Why Do States Build Nuclear Weapons ?" In Victor A. Utgoff, ed. *The Coming Crisis : Nuclear Proliferation, U.S. Interests, and World Order*. MIT Press.

坂元一哉。二〇〇〇。『日米同盟の絆――安保条約と相互性の模索』有斐閣。

Sample, Susan G. 1997. "Arms Races and Dispute Escalation : Resolving the Debate." *Journal of Peace Research* 34 : 7-22.

Sartori, Giovanni. 1997. *Comparative Constitutional Engineering*, 2nd ed. Macmillan. 工藤裕子訳『比較政治学――構造・動機・結果』早稲田大学出版部、二〇〇〇。

佐藤誠・安藤次男編。二〇〇四。『人間の安全保障――世界危機への挑戦』東信堂。

Schattschneider, E. E. 1935. *Politics, Pressures, and the Tariff*. Prentice-Hall.

Schelling, Thomas C. 1960. *The Strategy of Conflict*. Harvard University Press.

——. 1966. *Arms and Influence*. Yale University Press.

Schroeder, Paul W. 1994. "Historical Reality versus Neorealist Theory." *International Security* 19 : 108-148.

Schultz, Kenneth A. 1998. "Domestic Opposition and Signaling in International Crises." *American Political Science Review* 92 : 829-844.

——. 2001. *Democracy and Coercive Diplomacy*. Cambridge University Press.

シュンペーター（都留重人訳）。一九五六。『帝国主義と社会階級』岩波書店。

Schweller, Randall L. 1994. "Bandwagoning for Profit: Bringing the Revisionist State Back In." *International Security* 19: 72-107.

——. 1998. *Deadly Imbalances: Tripolarity and Hitler's Strategy of World Conquest.* Columbia University Press.

——. 2004. "Unanswered Threats." *International Security* 29: 159-201.

Shaw, Martin. 1994. *Global Society and International Relations.: Sociological Concepts and Political Perspectives* Polity. 高屋定國・松尾眞訳『グローバル社会と国際政治』ミネルヴァ書房、一九九七。

Sheehan, Michael. 1996. *The Balance of Power: History and Theory.* Routledge.

篠田英朗。二〇〇三。『平和構築と法の支配——国際平和活動の理論的・機能的分析』創文社。

神余隆博編。一九九五。『国際平和協力入門』有斐閣。

Shotwell, James T. 1929. *War as an Instrument of National Policy.* Harcourt Brace.

Simmons, Beth A. 1994. *Who Adjusts?: The Domestic Sources of Foreign Economic Policy during the Interwar Years.* Princeton University Press.

——. 1998. "Compliance with International Agreements." *Annual Review of Political Science* 1: 75-93.

Singer, Max, and Aaron Wildavsky. 1993. *The Real World Order: Zones of Peace, Zones of Turmoil.* Chatham House.

Sisk, Timothy D. 2001. "Democratization and Peacebuilding." In Chester A. Croker, Fen Osler Hampson, and Pamela Aall, eds. *Turbulent Peace: The Challenges of Managing International Conflict.* U.S. Institute of Peace.

Slantchev, Branislav L. 2003. "The Power to Hurt: Costly Conflict with Completely Informed States." *American Political Science Review* 97: 123-133.

Slaughter, Anne-Marie. 1995. "International Law in a World of Liberal States." *European Journal of International Law* 6: 503-538.

——. 2004. *A New World Order.* Princeton University Press.

Slim, Randa M. 1992. "Small-State Mediation in International Relations: The Algerian Mediation of the Iranian

Hostage Crisis." In Jacob Bercovitch and Jeffrey Z. Rubin, eds. *Mediation in International Relations*. Mcmillan.

スミス、アダム（水田洋監訳・杉山忠平訳）。〔一七七六〕二〇〇〇—二〇〇一。『国富論』岩波文庫。

Snyder, Glenn H. 1997. *Alliance Politics*. Cornell University Press.

Snyder, Jack. 1991. *Myths of Empire*. Cornell University Press.

——. 2000. *From Voting to Violence*. Norton.

Snyder, Jack, and Robert Jervis. 1999. "Civil War and the Security Dilemma." In Walter and Snyder (1999).

Stiglitz, Joseph E., and Andrew Charlton. 2005. *Fair Trade for All: How Trade Can Promote Development*. Oxford University Press.

Stromseth, Jane. 2003. "Rethinking Humanitarian Intervention." In Holzgrefe and Keohane (2003).

Studemeister, Margarita S., ed. 2001. *El Salvador: Implementation of the Peace Accords*. United States Institute of Peace.

Sugden, Robert. 1986. *The Economics of Rights, Cooperation and Welfare*. Blackwell.

——. 1989. "Spontaneous Order." *Journal of Economic Perspectives* 3: 85-97.

鈴木基史。二〇〇〇。『国際関係』東京大学出版会。

——。二〇〇五。「国際協定遵守問題のゲーム理論的分析——多元化した国際システムの軍備管理協定の事例」今井晴雄・岡田章編『ゲーム理論の応用』勁草書房。

——。二〇〇六。「新しい戦争と包括的平和維持概念の可能性と限界」『法学論叢』一五八巻五・六号、二三八—二六八頁。

——。二〇〇七。「民主的平和の発展論的再考と国際制度」『法学論叢』一六〇巻五・六号、二三一—二四〇頁。

田中明彦。一九九六。『新しい「中世」——二一世紀の世界システム』日本経済新聞社。

——。一九九七。『安全保障——戦後五〇年の模索』読売新聞社。

Taylor, A. J. P. [1961] 1996. *The Origins of the Second World War*. Simon & Schuster. 吉田輝夫訳『第二次世界

大戦の起源』中央公論社、一九七七。
Teson, Fernando R. 2003. "The Liberal Case for Humanitarian Intervention." In Holzgrefe and Keohane (2003).
Thatcher, Margaret. 1993. *The Downing Street Years.* Harper Collins. 石塚雅彦訳『サッチャー回顧録――ダウニング街の日々（普及版）』日本経済新聞社、一九九六。
Toft, Monica D. 2003. *The Geography of Ethnic Violence.* Princeton University Press.
戸崎洋史。二〇〇〇。「非核兵器地帯と核不拡散」納家・梅本（二〇〇〇）。
Touval, Saadia, and I. William Zartman. 1985. *International Mediation in Theory and Practice.* Westview.
土山實男。二〇〇四。『安全保障の国際政治学――焦りと傲り』有斐閣。
月村太郎。二〇〇六。『ユーゴ内戦――政治リーダーと民族主義』東京大学出版会。
Tucker, Nancy Bernkopf. 2005. "Strategic Ambiguity or Strategic Clarity?" In Nancy Bernkopf Tucker, ed. *Dangerous Strait: U.S.-Taiwan-China Crisis.* Columbia University Press.
United States National Intelligence Council. 2007. "The Terrorist Threat to the US Homeland." *National Intelligence Estimate.*
van Evera, Stephen W. 1990-1991. "Primed for Peace: Europe after the Cold War." *International Security* 15: 7-57.
――. 1999. *Causes of War: Power and the Roots of Conflict.* Cornell University Press.
Vasquez, John. 1999. *The Scientific Study of Peace and War: A Text Reader.* Lexington Books.
Wallace, Michael. 1979. "Arms Races and Escalation: Some New Evidence." *Journal of Conflict Resolution* 23: 3-16.
Wallander, Celeste A. 2000. "Institutional Assets and Adaptability: NATO After the Cold War." *International Organization* 54: 705-735.
Wallander, Celeste A., and Robert O. Keohane. 1999. "Risk, Threat, and Security Institutions." In Haftendorn, Keohane, and Wallander (1999).
ウォーラーステイン、イマニュエル（丸山勝訳）。一九九九。『転移する時代——世界システムの軌道 一九四五—二〇二五』藤原書店。

Walt, Stephen M. 1987. *The Origins of Alliances.* Cornell University Press.

——. 2005. *Taming American Power.* Norton.

Walter, Barbara F. 2002. *Committing to Peace: The Successful Settlement of Civil Wars.* Princeton University Press.

Walter, Barbara F., and Jack Snyder, eds. 1999. *Civil Wars, Insecurity, and Intervention.* Columbia University Press.

Waltz, Kenneth N. 1959. *Man, the State, and War.* Columbia University Press.

——. 1979. *Theory of International Politics.* Addison-Wesley.

——. 1989. "The Origins of War in Neorealist Theory." In Robert Rotberg and Theodore Rabb, eds. *The Origin and Prevention of Major Wars.* Cambridge University Press.

——. 1993. "The Emerging Structure of International Politics." *International Security* 18 : 44-79.

——. 1997. "Evaluating Theories." *American Political Science Review* 91 : 913-917.

——. 2000. "Structural Realism after the Cold War." *International Security* 25 : 5-41.

Wæver, Ole. 1998. "Insecurity, Security, and Asecurity in the West European Non-War Community." In Adler and Barnett (1998b).

Weinberg, Gerhard L. [1994] 2005. *A World at Arms : A Global History of World War II,* New Edition. Cambridge University Press.

Weingast, Barry R. 1998. "Constructing Trust: The Political and Economic Roots of Ethnic and Regional Conflict." In Karol Soltan, Eric Uslaner, and Virginia Haufler, eds. *Institutions and Social Order.* University of Michigan Press.

Wendt, Alexander. 1992. "Anarchy Is What States Make of It." *International Organization* 46 : 391-425.

——. 1994. "Collective Identity Formation and the International State." *American Political Science Review* 88 : 384-396.

——. 1999. *Social Theory of International Politics.* Cambridge University Press.

Wheeler, Nicholas J. 2000. *Saving Strangers : Humanitarian Intervention in International Society.* Oxford University Press.

Wilkinson, Paul. 2000. *Terrorism versus Democracy.* Frank Cass.

Wittman, Donald A. 1979. "How a War Ends : A Rational Model Approach." *Journal of Conflict Resolution.* 23 : 743-763.

Wohlforth, William C. 1999. "The Stability of a Unipolar World." *International Security* 24 : 5-41.

Woodward, Susan. 1999. "Bosnia and Herzegovina : How Not to End Civil War." In Walter and Snyder (1999).

山田満・小川秀樹・野本啓介・上杉勇司編。二〇〇五。『新しい平和構築論――紛争予防から復興支援まで』明石書店。

山本吉宣。一九八九。『国際的相互依存』東京大学出版会。

――。二〇〇六。『「帝国」の国際政治学――冷戦後の国際システムとアメリカ』東信堂。

依田博。二〇〇〇。『紛争社会と民主主義――国際選挙監視の政治学』有斐閣選書。

Young, Oran. 1994. *International Governance : Protecting the Environment in a Stateless Society.* Cornell University Press.

Zakaria, Fareed. 1998. *From Wealth to Power.* Princeton University Press.

Zartman, I. W. 1985. *Ripe for Resolution : Conflict and Intervention in Africa.* Oxford University Press.

あとがき

私に戦争の経験はない。幼少の頃から、戦中派である母と亡き父から、戦争体験をよく聞かされたことが間接的な経験に当たる。母は戦禍を逃れるために疎開生活を強いられた一方、父は、軍需工場で弾薬の製造に当たらされ、その間、米爆撃機による空襲を幾度か受けながら、本土決戦に備えて、迫り来る米戦車の底に地雷を投げ入れる訓練を繰り返していたそうだ。もし戦争がもっと長引いていたら、父は爆死し、私が生を受けることはなかっただろう。私の戦争観は、両親によって形成された。

私が専門とする国際関係学では、戦争の原因はさまざまなかたちで探究されてきたが、平和の原因については戦争原因ほど注目を集めてこなかったように思う。本書では、理想主義に陥ることなく、冷徹な実証主義の立場から平和について考察を施してきたつもりである。本書で論じてきたように、平和創造装置はひとつでなく、少なくとも、競合する権力の制御、頑強な国際制度、自由と民主主義の浸透に見出すことができる。これらの要件は、主要な現代国際関係理論によって論じられているものであり、各理論は、一七世紀から一九世紀にかけて育まれた近代政治思想に基づいている。

これは、政治思想を習得すれば、現代国際関係が分かるということを意味していない。たとえ偉大な思想家であっても、二一世紀初頭の国際情勢を到底予測できるはずはなかった。武器は際限なく破壊力を増し、テロリズムという戦略も広まりを見せている。その一方、平和を樹立する人間の創意工夫も進化を遂げている。人権を尊重する人々の規範意識が高まり、生存権を含めた市民の権利を保障する立憲民主主義が多くの国で統治原理として取り入れられ、国々の対外行動を規律する強力な国際制度が構築されるようになってきた。これと対照的に、時空を超えて不変なものがある。国際的無政府状態の中で国民国家が利益と権力を求めて行動する状況は、三〇〇年前とそれほど変わりはない。

したがって、これらの要因がどのように絡み合って、どのような帰結を導くのかを解明することが、平和と安全保障を構想するうえで必要不可欠となる。変化する状況の中で現代国際関係を理解しようとする者は、進取の気性に富み、精緻な観察法や思考法を身につけるように努力しなければならない。

本書における論証は、ゲーム理論、社会構成主義、新制度論などの現代社会科学の方法論を利用している。こうした方法論は、限られた要件から何らかの結果が発生することを論理的に説明してくれる。たとえば、どのような条件の下で、権力政治の応酬から安定状態が発生するのか。国際制度は、どのような装置を備えれば、国家の行動を規律し、紛争の解決を図れるのだろうか。なぜ国内的な立憲民主主義の統治制度から国際的な平和が生まれるのか。こうした問いに答え、平和創造装置を設計していくためには、記述だけでは不十分であり、理論的な分析が要請される。本書では、各方法論によって導出された仮説を検証する際、スペースが許す限り歴史データを用い、理論と実践の間を反復しながら平和創造装置の実効性を分析したつもりである。このように構成されている本書であるが、本書の題名である『平和と安全保障』という人類の究極的課題に対しては、部分的な考察を行ったにしか過ぎない。本書を通じて読者の興味を深め、今後の研鑽に微力ながら貢献することが私の切なる願いである。

本書は、複数の共同研究における著者の研究成果を基盤としている。第Ⅰ部は、科学研究費補助金基盤研究（S）「グローバル公共財としての地球秩序に関するシミュレーション分析」（研究代表：吉田和男京都大学大学院経済学研究科教授）、第Ⅱ部は、京都大学大学院法学研究科二一世紀COEプログラム「二一世紀型法秩序形成プログラム」（拠点リーダー：大石眞教授）、第Ⅲ部は、科学研究費補助金基盤研究（C）「民主国家と非民主国家の政策協調と国際制度」（研究代表：鈴木基史）において行った研究の成果の一部である。本書の序章と第7章は、それぞれ鈴木（二〇〇六、二〇〇七）に大幅に筆を入れたものであり、原型をもはや止めていない。

本書の作成には多くの人が関わった。シリーズ国際関係論の編者である猪口孝先生および他巻の執筆者である須藤季夫氏、飯田敬輔氏、篠田英朗氏とは、幾度かのミーティングを開いて、シリーズ全体および各巻の方向性について議論した。こうした意見交換が本書の内容に重要な影響を及ぼしている。本書の理論的骨組みに関しては、二〇〇五年度日本国際政治学会の学会論文として仕上げ、同会分科会にて報告した。その分科会の討論者であった猪口先生と五百旗頭真先生からは貴重なコメントを頂いた。

本書が多少なりとも読みやすくなっているとすれば、それは、東京大学出版会編集部の奥田修一氏の熱意の賜物である。奥田氏には草稿に何度も目を通してもらい、多くのコメントを頂いた。本書の参考文献の整理に関しては、京都大学大学院生の桜井葉子さんにお世話になった。

本書は、大学院生、学部生、一般市民の方々にも広く利用して頂きたいと考えている。本書の草稿は、京都大学法学部で私が担当した講義で利用したり、大学院生やゼミ生に読んでもらったりして、こちらの意図していることが正確に伝わっているかどうか確認しつつ草稿を手直しした。戦中派を親として持った世代と戦後世代の親を持つ現代の若者では、物事の見方は必然的に異なる。こうした作業が世代間の認識ギャップを埋めるのに必要であった。

お世話になった諸先生方、奥田氏、学生諸君の協力なしでは、本書を公刊することは到底できなかった。この場を借りてお礼を申し上げる。

二〇〇七年七月二六日

鈴木　基史

事項索引

ハ 行

バーコヴィッチ(Bercovitch, Jacob) 119
ハーシュマン(Hirschman, Albert O.) 55
バーネット(Barnett, Michael) 148
ハイエク(Hayek, Friedrich A.) 182
バスカー(Bhaskar, Roy) 217
パリス(Paris, Roland) 174
ハンティントン(Huntington, Samuel P.) 159, 206
ヒスコックス(Hiscox, Michael J.) 185
ヒューストン(Houston, Allison) 119
フェアロン(Fearon, James D.) 62-63, 120, 153-154, 174
フォートナ(Fortna,Virginia Page) 216
プリンセン(Princen, Thomas) 122-123
ポール(Paul, T. V.) 25
ポランニー(Polanyi, Karl) 183, 195

マ 行

ミアシャイマー(Mearsheimer, John J.) 34, 36
モーゲンソー(Morgenthau, Hans J.) 19, 23, 32
モロー(Morrow, James D.) 151

ラ 行

ラセット(Russett, Bruce) 145
ラトナー(Ratner, Steven R.) 113
リーズ(Leeds, Brett Ashley) 49
リカード(Ricardo, David) 181
ルソー(Rousseau, Jean-Jacques) 20
レイティン(Laitin, David) 174
レイプハルト(Lijphart, Arend) 168-169
レーニン(Lenin, Vladimir Ilyich) 34
ロゴウスキー(Rogowski, Ronald) 184-185

人名索引

ア　行

アイケンベリー(Ikenberry, G. John)　204, 209-210
アドラー(Adler, Emanuel)　148
アリソン(Allison, Graham T.)　68
ウェント(Wendt, Alexander)　147, 217
ウォルツ(Waltz, Kenneth N.)　29
エンジェル(Angell, Norman)　180

カ　行

カー(Carr, E. H.)　20
ガルトゥング(Galtung, Johan)　13, 161
カルドー(Kaldor, Mary)　3
カント(Kant, Immanuel)　10-11, 139-141, 143, 179
キッシンジャー(Kissinger, Henry A.)　23
キッド(Kydd, Andrew)　124
ギルピン(Gilpin, Robert)　33, 36
グールディング(Goulding, Marrack)　103
コンスタン(Constant, Benjamin)　181
コント(Comte, Auguste)　181

サ　行

ザートマン(Zartman, I. W.)　121
サガン(Sagan, Scott D.)　94
シェリング(Schelling, Thomas C.)　71, 106
ジャーヴィス(Jervis, Robert)　209
シュルツ(Schultz, Kenneth A.)　154-156
シュンペーター(Schumpeter, Joseph A.)　34
ジョージ(George, Alexander L.)　13, 68
スナイダー, G.(Snyder, Glenn H.)　45, 49
スナイダー, J.(Snyder, Jack)　35-36, 211
スミス(Smith, Adam)　181
スローター(Slaughter, Anne-Marie)　217
ゼリコー(Zelikow, Phillip)　68

タ　行

ダース(Daas, Christopher)　111
ダイヤモンド(Diamond, Larry)　163
チェイズ, A.(Chayes, Abram)　88
チェイズ, A. H.(Chayes, Antonia H.)　88
ドイル(Doyle, Michael W.)　114, 139, 143
トゥヴァル(Touval, Saadia)　121

ナ　行

ニーバー(Niebuhr, Reinhold)　19

著者略歴

1959年　生まれる．

サウス・カロライナ大学 Ph. D.（国際関係学）

ノース・テキサス大学政治学部助教授，関西学院大学総合政策学部教授を経て，

現　在　京都大学大学院法学研究科教授．

主要業績

"Political Business Cycles in the Public Mind," *American Political Science Review* (1992)

"Economic Interdependence, Relative Gains, and International Cooperation," *International Studies Quarterly* (1994)

『国際関係』（東京大学出版会，2000 年）

「国際協定遵守問題のゲーム理論的分析」今井晴雄・岡田章編『ゲーム理論の応用』（勁草書房，2005 年）

平和と安全保障　　シリーズ国際関係論 2

2007 年 9 月 20 日　初　版

［検印廃止］

著　者　鈴木基史《すずきもとし》

発行所　財団法人　東京大学出版会

代 表 者　岡本和夫

113-8654 東京都文京区本郷 7-3-1 東大構内

http://www.utp.or.jp/

電話 03-3811-8814　Fax 03-3812-6958

振替 00160-6-59964

印刷所　株式会社三陽社

製本所　矢嶋製本株式会社

ISBN 978-4-13-034252-0　Printed in Japan